▶ 世界就业和社会展望

2022年趋势

国际劳工组织　著

马星灿　译

中国财经出版传媒集团

经济科学出版社
Economic Science Press

图书在版编目（CIP）数据

世界就业和社会展望2022年趋势 / 国际劳工组织著；
马星灿译. --北京：经济科学出版社，2022.12
书名原文：World Employment and Social Outlook：
Trends 2022
ISBN 978-7-5218-4406-1

Ⅰ. ①世… Ⅱ. ①国… ②马… Ⅲ. ①劳动就业-研
究报告-世界-2022 Ⅳ. ①F249.1

中国版本图书馆CIP数据核字（2022）第241619号

责任编辑：吴　敏
责任校对：齐　杰
责任印制：张佳裕

世界就业和社会展望2022年趋势
国际劳工组织　著
马星灿　译
经济科学出版社出版、发行　新华书店经销
社址：北京市海淀区阜成路甲28号　邮编：100142
总编部电话：010-88191217　发行部电话：010-88191522
网址：www.esp.com.cn
电子邮箱：esp@esp.com.cn
天猫网店：经济科学出版社旗舰店
网址：http：//jjkxcbs.tmall.com
北京季蜂印刷有限公司印装
880×1230　16开　7印张　120000字
2022年12月第1版　2022年12月第1次印刷
ISBN 978-7-5218-4406-1　定价：36.00元
（图书出现印装问题，本社负责调换。电话：010-88191510）
（版权所有　侵权必究　打击盗版　举报热线：010-88191661
QQ：2242791300　营销中心电话：010-88191537
电子邮箱：dbts@esp.com.cn）

前　言

　　2021年下半年，温和而不平衡的全球劳动力市场失去了复苏动力。如今新冠肺炎疫情已经持续了两年多，全球就业和社会前景依然脆弱且不确定。

　　2021年全年，疫情削弱了全世界几乎所有国家（地区）的经济、金融和社会结构，无论其发展状况如何。与此同时，疫苗接种覆盖率和经济复苏举措的不同造成各国（地区）间的显著差异。发达经济体的就业和收入损失在很大程度上得到恢复，而新兴国家（地区）和发展中国家（地区）则继续艰难应对工作场所关闭和经济活动疲软等疫情对劳动力市场造成的后果。

　　如果不采取协调一致且有效的国际和国内政策，许多国家（地区）很可能需要数年才能弥补疫情造成的损害，并将面对其在劳动参与率、家庭收入、社会凝聚力（甚至政治团结方面）的长期影响。

　　《世界就业和社会展望2022年趋势》全面评估了全球劳动力市场复苏状况，反映了各国应对新冠危机的不同方式。本报告不仅分析了全球模式、地区差异以及不同经济部门和工人群体的情况，还对2022年和2023年的劳动力市场状况进行了预测。

　　当前的危机使实现联合国可持续发展目标，尤其是与长期缺乏体面就业机会相关的目标变得更加困难。因此，政府、雇主组织和工人组织必须共同努力，重新坚定信心，应对挑战。

　　在此艰难时期，国际劳工组织的187个成员国于2021年6月通过了《全球行动呼吁：从新冠危机中实现包容性、可持续和有韧性的以人为本复苏》。本报告响应上述《全球行动呼吁》，总结了有助于实现以人为本复苏的具有可持续性的国际和国内关键政策。

Guy Ryder

盖·莱德（Guy Ryder）
国际劳工组织总干事

目　录

专栏

图

表

致　谢

《世界就业和社会展望2022年趋势》由国际劳工组织研究司宏观经济政策和工作处在埃克哈德·恩斯特（Ekkehard Ernest）牵头下编撰。其中，第3章由国际劳工组织工作条件和平等问题司包容性劳动力市场、劳动关系和工作条件处合作编撰。本报告的作者包括萨宾娜·德万（Sabina Dewan）、埃克哈德·恩斯特、苏莱玛·阿赫卡尔·希拉（Souleima El Achkar Hilal）、理查德·霍恩（Richard Horne）、谢尔盖·苏亚雷斯·迪伦·索亚雷斯（Sergei Suarez Dillon Soares）和斯蒂凡·库恩（Stefan Kühn），斯蒂凡·库恩负责领导和总体协调工作。埃克哈德·恩斯特协调监督撰写过程，并做出了决定性贡献。本报告还得到国际劳工组织研究司司长理查德·萨曼斯（Richard Samans）的整体指导。感谢珍妮·伯格（Janine Berg）和国际劳工组织非洲、阿拉伯国家、亚洲和太平洋地区、欧洲和中亚以及拉丁美洲和加勒比地区办事处提供的支持和建议。

报告所述的国际劳工组织模拟估算由统计司数据制作与分析处在斯蒂芬·卡普索斯（Steven Kapsos）牵头下与研究司宏观政策和工作处共同制作。在此，我们向伊万杰莉亚·布姆波拉（Evangelia Bourmpoula）、罗杰·戈米斯（Roger Gomis）、斯蒂凡·库恩（Stefan Kühn）、阿维查尔·马哈詹（Avichal Mahajan）和费利佩·罗德里格斯（Felipe Rodríguez），就其所做的模型研究工作表示特别感谢。用于估算的国际劳动力市场指标基础数据库由国际劳工组织统计司数据生成与分析处提供。为此，向大卫·贝斯康德（David Bescond）、维帕萨娜·卡基（Vipasana Karkee）、昆汀·马蒂斯（Quentin Mathys）、伊夫·佩拉尔（Yves Perardel）和马贝林·维拉雷亚尔–富恩特斯（Mabelin Villarreal–Fuentes）表示感谢。此外，国际劳工组织负责政策的副总干事玛莎·牛顿（Martha Newton）和总干事高级顾问詹姆斯·霍华德（James Howard）提供了非常好的意见和建议。

国际劳工组织研究司还要感谢以下同事为本报告建言献策：玛丽亚·海伦娜·安德烈（Maria Helena André）、塞凡·阿纳尼安（Sevane Ananian）、克里斯蒂娜·贝伦特（Christina Behrendt）、保罗·科明（Paul Comyn）、马尔瓦·科利–库里巴利（Marva Corley–Coulibaly）、拉斐尔·迭斯·德·梅迪纳（Rafael Diez de Medina）、萨拉·艾尔德（Sara Elder）、迈克尔·泰伊·弗罗施（Michael Thye Frosch）、萨吉德·加尼（Sajid Ghani）、罗杰·戈米斯（Roger Gomis）、塔里克·哈克（Tariq Haq）、克莱尔·哈拉蒂（Claire Harasty）、克里斯汀·霍夫曼（Christine Hofmann）、普·胡恩（Phu Huynh）、阿雅·贾法尔（Aya Jaafar）、史蒂文·卡普索斯（Steven Kapsos）、金基范（Keen Boum Kim）、李相宪（Sangheon Lee）、庄·刘（Trang Luu）、尼古拉斯·梅特（Nicolas Maitre）、罗克珊娜·毛里齐奥（Roxana Maurizio）、大卫·莫斯勒（David Mosler）、谢恩·尼尔·奥希金斯（Shane Niall O'Higgins）、奥雷里奥·帕里索托（Aurelio Parisotto）、格哈德·雷内克（Gerhard Reinecke）、凯瑟琳·萨吉特（Catherine Saget）、安娜·艾琳娜·舍哈（Anna Elina Scheja）、佩林·塞克勒·里奇亚迪（Pelin Sekerler Richiardi）、丹尼尔·萨曼（Daniel Samaan）、谢尔·维里克（Sher Verick）、克里斯蒂安·维格拉恩（Christian Viegelahn）和贾德·亚辛（Jad Yassin）。此外，国际劳工组织雇主活动局、工人活动局和企业司的同事提供了非常好的意见和建议，在此一并表示感谢。

最后，我们还要感谢朱迪·拉弗蒂（Judy Rafferty）和出版物制作处的同事在本报告出版过程中给予的帮助，感谢传播和新闻司的同事一直协助和支持本报告的宣传和发行工作。

▶ 执行摘要

新冠肺炎疫情持续，全球劳动力市场复苏艰难

2021 年新冠肺炎疫情继续笼罩全球经济，阻碍劳动力市场全面均衡复苏。经济活动的恢复进度在很大程度上取决于疫情防控情况，因而在不同区域和不同行业，复苏呈现不同模式。然而，每次新的疫情暴发都会引起衰退。体面工作在疫情前所取得的诸多进展都受到显著影响，之前就存在的体面工作缺口问题使许多区域的可持续复苏前景更加黯淡。

继国际劳工组织上次预测后，全球劳动力市场前景持续恶化；未来几年世界大部分区域能否恢复到疫情前水平依然扑朔迷离。基于最新的经济增长预期，并根据人口增长因素进行调整，国际劳工组织预测 2022 年全球工作总时间将比疫情前降低近 2%，相当于损失了 5200 万个全职工作岗位（假设每周工作 48 小时）。2022 年全球失业人口预计将达到 2.07 亿人，比 2019 年多 2100 万人。2021 年 6 月发布的《世界就业和社会展望 2021 年趋势》预测，与 2019 年第四季度相比，2022 年工作时间缺口将缩小至 1% 以下，这意味着全球劳动力市场将明显恶化。

不同区域、国家（地区）和行业的复苏模式差别显著。复苏伊始，中等收入和低收入国家（地区）的就业增长趋势一直明显不及较富裕经济体，主要原因是发展中国家（地区）疫苗接种率较低，财政空间有限。对于疫情前就面临不平等程度较高、工作环境差别较大、社会保障体系薄弱的发展中国家（地区），疫情带来的冲击尤其严重。

总体上，全球所有区域（非洲、美洲、阿拉伯国家、亚洲和太平洋地区、欧洲和中亚）劳动力市场关键指标均有待恢复到疫情前水平。就全球所有区域而言，2023

年经济全面复苏仍充满不确定性。欧洲和太平洋地区最有望接近实现此目标，而拉丁美洲、加勒比地区和东南亚的前景最不乐观。受疫情持续影响，所有区域的劳动力市场复苏均面临严重的下行风险。此外，疫情使劳动力市场发生了结构性改变，即便劳动力市场回到危机前的基线水平，仍然无法弥补疫情造成的损害。

疫情破坏、结构性缺陷和新增风险会降低体面工作的增长可能性

深层次的结构性缺陷和不平等正在扩大和延长危机的负面影响。许多发展中国家（地区）的大规模非正式经济正在损害一些政策工具的效力，因为非正式企业更难获得正规信贷以及与疫情相关的政府支持。这使得纾困措施难以惠及有需要的群体，进而加剧国家（地区）内部的不平等。相比于大型企业，小型企业的就业人数和工作时间的降幅更大。

疫情导致经济增长出现转变，依赖劳动密集型商品或大宗商品出口的发展中国家（地区）尤其难以适应由此造成的需求波动。依赖旅游业的经济体正遭受边境关闭和收入减少的影响严重。

失业和工作时间缩短导致收入减少。发展中国家（地区）缺乏全面的社会保障体系，无法提供充足的福利以稳定居民收入，这使得经济上本就不堪重负的家庭面临更严重的财务压力，进而对家庭成员的健康和营养状况造成级联效应。疫情使数百万儿童陷入贫困。最新估测显示，2020年，3000万成人失去带薪工作而陷入极端贫困（按购买力平价计，日均生活费不足1.9美元）。此外，在职极端贫困人口，即工作收入不足以使其本人及家庭维持在贫困线以上的工人，增加了800万人。

全球经济不均衡的复苏已经开始引发长期的连锁反应，造成持续的不确定性和不稳定性，破坏复苏进程。市场需求改变、线上服务增加、贸易成本激增以及疫情引发的劳动力供给变化使制造业遭遇瓶颈，阻碍劳动力市场恢复到疫情前的状态。供给链所遭受的长期强烈冲击增加了商业环境的不确定性，可能导致生产地域的重构，进而深刻影响就业。

在劳动力市场远未复苏的情况下，商品和必需品的价格上涨大幅降低了居民的可支配收入，进一步增加危机成本。展望未来，考虑到重要的国际溢出影响，宏观政策制定者面临艰难抉择。一旦有通胀预期增大的迹象，则加快收紧货币政策和财政政策的呼声将随之高涨。与此同时，考虑到经济复苏本就不均衡，政策收紧对低收入家庭造成的冲击将尤为强烈，这就意味着需要着力维持良好的社会保障水平。

劳动力需求恢复到危机前水平尚需时日，致使就业机会和工作时间增长放缓。2021年工时恢复缓慢且不均衡，抑制了劳动收入的增长。由于世界范围内大多数工人没有充足收入或者根本没有收入替代，这些家庭只得依靠储蓄支撑。发展中国家（地区）经济脆弱群体比重大，而经济刺激措施规模较小，因此这种情况尤为严峻。随之而来的收入减少进一步抑制了消费总需求，最终形成恶性循环，亟须通过协调一致的政策来加速劳动力市场复苏，解决不平等问题，使全球经济重回可持续增长的道路。

劳动市场复苏不完全且不平等

国际劳工组织预测，2022年，由于危机扰乱劳动力市场而减少的工作时间相当于损失了5200万个全职工作岗位。与2019年第四季度相比，2021年按人口增长因素调整的工时相当于减少了1.25亿个全职工作岗位（假设每周工作48小时）。虽然比2021年明显好转，但2022年工时损失仍然极为严重。2022年，全球就业人口比率预计为55.9%，比2019年低1.4个百分点。

许多从劳动力队伍退出的人仍未归队，因此失业率水平不足以反映危机对就业造成的冲击全貌。全球劳动参与率在2019~2020年间下降了将近2个百分点，预计2022年将部分恢复，达到接近59.3%，比2019年低将近1个百分点。预计至少在2023年之前，全球的失业率都将高于2019年的水平。2022年，全球失业总人口预计将减少700万人，达2.07亿人；而2019年这一数据是1.86亿人。

高收入国家（地区）劳动力市场恢复最快。高收入国家（地区）的劳动力仅占全球的1/5，而2020~2022年其失业人口下降量约占全球总量的一半。与之形成对比的是，自疫情暴发以来，中等偏下收入国家（地区）所受冲击一直最为强烈，恢复也最为缓慢。

各国内部的劳动力市场复苏不均衡。疫情对女性就业造成的冲击格外严重，预计未来几年这种情况在全球范围内将有所缓和，但相当规模的就业差距仍将继续存在。这种差距在中等偏上收入国家（地区）最为显著。在这类国家（地区），2022年女性就业人口比率预计将比2019年低1.8个百分点，而男性的这一比率仅比2019年低1.6个百分点，况且女性就业比率本就比男性低16个百分点。在许多国家（地区），学校、大学和技术培训机构长期关闭，削弱了学习效果，这将对青年（尤其是缺乏线上学习机会的青年）的就业与未来教育和培训产生长期的级联效应。此外，非正式的有偿带薪就业率仍比危机前低8%。工作条件通常较差的自雇和无报酬家庭工作在疫情前本已呈下降趋势，但2020年这类工作转而增加，并预计在2021年继续保持增长。

疫情已经开始诱发经济的结构性变化，并将对劳动力市场造成深远影响。各种宏观经济趋势交织叠加，增加了劳动力市场的不确定性，如工时、就业和劳动参与率下降是暂时的还是长期的，疫情是否正在加速劳动力市场就业人员结构性退出或促进劳动节约型转型。所有这些都要求采取不同的行动路径。从加剧性别不平等到扩大数字鸿沟，疫情正在加深不同形式的不平等。雇佣关系的构成变化，如依靠非正式的自雇劳动谋生、远程办公增加以及各类临时性工作的兴起，都可能损害工作条件的质量。

临时性就业在经济不确定时期具有缓冲作用

疫情之前，临时性就业虽然在各行业和国家（地区）的增长情况有所不同，但在就业总量中的份额逐步增长。临时性就业主要与经济结构有关，并受劳动力市场中行业和职业构成的影响。然而，在危机期间，随着雇主重新大量聘用临时员工，临时性就业因此发挥了缓冲作用。从长期来看，临时性就业会危害员工留职率、培训和创新，对公司的长期生产力造成负面影响。临时性就业的工作和收入更不稳定，所获社会保障更少，因此对工人也更为不利。

低收入和中等收入国家（地区）临时性就业率约为就业总量的1/3出头，高于高收入国家（地区）的水平（15%）。然而，临时性就业在发达国家（地区）和发展中国家（地区）具有本质不同。在发达国家（地区），尽管临时性就业可能是获得一份更正式的稳定工作的切入点，或是进入劳动力市场的一种灵活策略，但临时就业人员缺乏就业保障和固定收入，且并不总是有资格获得社会保障或就业保障。在发展中国家（地区），临时性工作通常属于非正式就业，而临时就业人员几乎无法获得社会保障和就业保障。

疫情之初，临时工的失业率比非临时工更高，但之后在大多数经济体，新的临时性工作岗位反而增多。这两种趋势的最终结果是，整个疫情期间临时性工作的发生率基本保持稳定。从有限的可用数据来看，这两种趋势与疫情前的趋势并无不同，突出了临时性工作在疫情前就已普遍存在的波动困境。值得注意的是，可用数据显示，2021年初超过1/4的临时性工作岗位此前是非临时性的，这说明早在那时经济就潜藏着有不确定性，就业随之表现出不稳定。

疫情早期，在以二元劳动力市场为特征的国家（地区），非正式就业并未吸纳丧失正式就业岗位的工人，从而发挥其传统的逆周期作用。

在许多国家（地区），非正式工人比正式工人更容易因为区域封锁或其他防疫措施而失去工作或陷入无法工作的状态。随着经济活动逐步恢复，非正式就业（尤其是自雇劳动）强势复苏，许多非正式工人重新回归活跃状态。

须通过全面的以人为本的政策议程来阻止长期损害

在2021年6月举行的国际劳工大会上，国际劳工组织的187个成员国从全球、区域和国家（地区）层面共同商讨应对此次危机的政策措施。经讨论，成员国通过了《全球行动呼吁：从新冠危机中实现包容性、可持续和有韧性的以人为本的复苏》，强调通过加速落实国际劳工组织的《关于劳动世界的未来百年宣言》，实现充分和包容性复苏。这意味着在重建经济的过程中要解决系统性和结构性的不平等，并要应对其他长期的经济社会挑战，如疫情暴发前就已经存在的气候变化问题。建设有韧性的经济是以全球通力合作和采取多边行动为前提条件的，这包括处理好疫苗获取、债务重组和促进绿色转型等问题。如果无法成功应对这些重要的政策挑战，将再次错失使世界走上公平和可持续发展道路的机会。

实现以人为本的复苏需要落实好四个主要方面：包容性经济增长和就业、覆盖全部工人的保护、全民社会保障，以及社会对话。每个方面都发挥着关键作用。

在整个复苏过程中，宏观经济政策不应只是起到逆周期的作用，或仅将目标设定于回到危机前的水平，因为这无法应对体面工作不足的问题，也无法增强国家（地区）未来抵抗危机的能力。财政政策的目标不应局限于保护工作岗位、收入和就业，还应致力于解决全球结构性挑战和体面工作不足等根本性问题。这意味着应制定旨在广泛创造生产性就业的一系列财政政策，并辅以产业政策、技能发展和积极的劳动力市场政策（包括缩小数字鸿沟的举措），以及对全民社会保障的持续投资政策等，而具体的政策要视各国的限制因素和优先事项而定。随着疫情与科技发展和其他"大趋势"相互作用，经济体之间和经济体内部的不平等可能会加速扩大，积极的宏观经济政策变得尤为重要。

拓展和确保对全部工人的保护意味着必须保证工作中的基本权利，确保工作场所的卫生和安全，以及推行促进性别平等的改革议程。疫情暴露了许多工人群体的脆弱性，其中包括维持社会正常运转的必要行业的工人（essential worker）、非正式工人、自营职业者、临时工人、移民工人、平台工人和低技能工人。他们更容易面临危机造成的健康风险并遭受劳动力市场动荡的影响。从世界范围内来看，其中的许多人未被社会保障所覆盖。

应继续将缩小社会保障差距和促进全民获得全面、充分和可持续的社会保障作为重要优先工作。在财政空间有限的情况下，为了确保公平和可持续的资金注入社会保障体系，应采取多边行动以补充国内资源调配。

社会对话在应对疫情方面发挥了重要作用，许多减少工作岗位流失的政策措施都归功于三方协商。在经济复苏阶段，社会对话将继续发挥关键作用，促使找到使企业和工人双方都能获益且对宏观经济具有积极作用和外溢效应的解决方案。为充分发挥社会对话的作用，应当加强公共行政部门、雇主组织和工人组织参与社会对话的能力。

第1章

在新冠肺炎疫情后（重新）建设有韧性的劳动世界

▶ 1.1　复苏受挫

2021年，全球高达90%的工人所在国家（地区）仍然存在某些形式的工作场所关闭。**在人口结构转变、技术变革和气候变化的推动下，劳动世界已经开始转型。随着全球疫情的持续，劳动世界的秩序进一步陷入混乱。**此前很少有人能料到此次疫情居然持续如此之久，影响如此之深。近两年来，疫情反复肆虐，各国不仅在卫生系统艰难应对考验，政府也被迫继续采取区域封锁、强制民众佩戴口罩和保持物理距离等防疫措施，同时将阻断疫情传播的希望寄托于疫苗接种。然而，各国（地区）在疫苗生产、分配和公众接种意愿等方面面临挑战，拖慢了疫苗接种速度。这种情况下，只得延长限制性措施，对经济造成了一定的影响。随着人们愈发忧心未来疫情的反复侵袭，各国政府不得不在保障民众健康和生命安全与兼顾经济和劳动力市场之间艰难平衡。

各国经济活动恢复时间和恢复速度不同，经济复苏模式不均衡。全球疫情暴发后的第二年，各国（地区）政府在高度不确定的情况下开展工作，不知道下一波疫情何时到来，以及下一次病毒会产生怎样的变异株。在各区域和各行业，各国（地区）政府时断时续地以不同方式在不同程度上推行疫情防控措施。全球经济紧密交织，一国（地区）采取封控措施必将影响其他国家（地区）的活动。如果没有其他冲击，全球经济有望整体持续复苏，2022年全球国内生产总值（GDP）预计将增长4.2%（IMF，2021）。然而在总体增长的背后，各区域和各行业间的差别将导致劳动力市场复苏不均衡。

劳动力市场复苏的下行风险显著。疫情的未来走势难以预测，各国（地区）政府和社会采取的应对措施也无法预知，因此本报告的预测存在很高的不确定性。此次危机对经济和劳动力市场造成的长期损害或许比预期中的还要严重，致使经济复苏进程更加艰难。此外，宏观经济风险因素也增大了长期就业危机的可能

性。例如，如果通胀问题加剧，政府过早采取财政紧缩措施的风险将增加。

复苏不均衡正在扩大较发达国家（地区）和欠发达国家（地区）之间的差距。例如，疫苗接种率不均衡导致2021年各国（地区）经济活动复苏情况不一，其中发达国家和地区能够较快恢复正常经济活动（IMF，2021）。按收入水平划分，中等收入国家（地区）的就业趋势明显弱于较富裕经济体，且限制措施解除后，后者的劳动力市场复苏速度比前者更快。全球经济复苏不均衡已经开始引发长期的连锁反应，造成持续的不确定性和不稳定性，并导致生产瓶颈，推动价格上涨。在疫情影响下，全球有可能出现经济增长疲软而价格却快速上涨的局面（Ernest，2020）。

对于不平等程度较高、工作环境差别突出、社会保障体系薄弱且财政空间有限的发展中国家（地区）来说，疫情带来的冲击尤其严重。总的来说，国家（地区）内部的差异也正在加剧，例如有些行业复苏强劲，而另一些产业却仍旧复苏乏力。这些发展中国家（地区）的经济复苏前景与富裕的发达国家（地区）相去甚远。面对疫情，发达经济体能够快速有力地作出政策反应，尤其是能够采取各类财政支持措施。虽然这些发展中国家（地区）也同样采取了各类应对措施，但抗疫导致了计划外开支，受财政限制，这些发展中国家（地区）采取的纾困措施规模较小。此外，这些发展中国家（地区）中的许多存在大规模的非正式经济，而一些政策工具仅仅面向正式雇员和正式企业，导致其效力得不到充分发挥。

依靠劳动密集型商品出口和旅游业的发展中国家（地区）尤其难以适应疫情造成的需求变化和波动。依赖旅游业的经济体深受边境封闭和收入减少之苦。就业损失和工时缩短导致收入减少。许多发展中国家（地区）缺乏健全的社会保障，无法调拨充足的现金，这使得经济上本就不堪重负的家庭面临更严重的经济困

难，进而对家庭成员的健康和营养状况造成级联效应。据估计，疫情已使高达7700万名儿童和成人陷入极端贫困（Mahler et al.，2021）[①]。假设2020年儿童在绝对贫困人口中的占比与疫情前相同，仍为50%（World Bank，2020），则绝对贫困成人的数量比2019年增长了3850万人。

在职人口中贫困现象显著增加。 在职极端贫困人口比重从2019年的6.7%上升到2020年的7.2%，相当于在职贫困人口数量增加了800万人。然而，由于全球工作岗位大量减少且失业人群集中在低收入家庭，2020年贫困加剧现象在无业人口中要严重得多（见专栏1.1）。根据新的估算，2020年有3000万成人陷入极端失业贫困，其中既包括危机期间失去工作的人口，也包括疫情前就没有工作的群体。据估计，2019年和2020年低收入和中等偏下收入国家（地区）的在职贫困人口率增幅最大，分别增长了约1%和0.9%，说明疫情前的趋势已经显著逆转。

专栏1.1　理解在职贫困人口估算数据

　　新冠肺炎疫情期间，工作时间和工作收入大量减少，许多工人陷入贫困，致使在职贫困人口数量增加。本次危机还导致许多人失去就业岗位，如果其中的失业者在疫情前就属于在职贫困人口，则可能降低在职贫困人口数量的增长。

　　2021年趋势报告（ILO，2021a）预测，上述第一种作用远大于第二种，因此2020年在职贫困人口将大幅增加。然而，新的证据显示，低收入家庭（APU，2021）和低薪资工人（ILO，2021b）的失业现象尤其严重，导致在职贫困人口的增长量显著低于预期水平。这并非好消息，因为这意味着2020年新增的3850万极端贫困成人中，大部分人并不是拥有少量工作收入或者工作收入下降了，而是没有任何工作收入。世界银行将全球极端贫困人口数量下调了2000万，这是本报告对上一版报告在职贫困人口数量进行修订的另一依据。

疫情前无法想象的长时间地区封锁和旅行限制扰乱了供应链，对与生产网络相关的直接和间接就业造成负面影响。由于全球制造业产品需求大幅下降，2021年4月，约有9700万个与供应链相关的岗位受到严重冲击。整体来看，疫情导致全球制造业供应链上将近1/3的岗位工作条件恶化，出现作业停止、工时缩短和收入降低等情况（ILO，2021c）。服装供应链受到的冲击最为强烈，其中女性就业者占了很大比重（ILO，2021c）。

部分中等偏下收入国家（地区）长期通过参与生产链创造就业和拉动增长，因而受疫情冲击尤其严重。 在制造业领域，中等偏下收入国家（地区）就业量降幅最大，达11.8%；中等偏上收入国家（地区）为7.4%；低收入国家（地区）为3.4%；高收入国家（地区）为3.9%（见图1.1）。

▶ **图1.1　2019~2020年按国家（地区）收入组别划分的制造业就业增长**

资料来源：国际劳工组织劳工统计数据库（ILOSTAT），国际劳工组织模拟估算，2020年11月。

除了与复杂供应商网络中的生产环节直接相关的工作岗位，由于"制造业服务化"，即服务要素作为制造业投入、公司内部活动或者与产品配套的产出的地位越来越重要（Nordwall，2016；Miroudot，2017；Miroudot and Cadestin，2017），生产链的破坏将影响更多人的生计。

劳动力供给受到广泛扰乱。 截至2021年10

[①] 　据世界银行估算，2019~2020年，极端贫困人口（按购买力平价计，日均不足1.9美元）数量增长了7700万人。新冠危机的影响还不止于此，因为如果没有发生这次危机，预计全球极端贫困人口将减少2000万人。

月，全球新冠肺炎确诊病例达2.37亿例（WHO，2021），这一数字还将继续上升，许多人因为疫情无法工作。另有一些人因工作场所关闭，或者担心被病毒感染，或者需要照顾生病的亲属，因而待在家里。这些因素导致工作地点固定的岗位缺少员工（Manpower Group，2021）。学校广泛停课导致家庭无报酬照护劳动增加，这种负担主要落在了女性身上。针对特定地区或特定行业的限制措施导致了相应地区和行业的劳动力短缺（Renna and Coate，2021），而其他地区和行业的劳动力则出现过剩（Frohm，2021），这使得劳动力市场难以快速复苏，即便在实施大规模财政刺激的国家（地区）亦是如此。

在疫情暴发的第二年，除了工作场所关闭带来的直接冲击，多因素导致的劳动力需求减少问题变得更加突出。供给链中断、市场需求变化以及疫情引发的劳动力供给变化使制造业遭遇瓶颈。劳动力供给扰动呈现出显著的区域差异性，阻碍了全球劳动力需求均衡恢复到疫情前水平（Goodman and Chokshi，2021；UNCTAD，2021）。与制造业价值链相关的服务业，如运输业和保险业，也受到负面影响。旅行限制和远程办公的兴起改变了商务旅行，导致对上述服务的需求进一步下降（Bharathi and Dinesh，2021；UNCTAD，2021）。与此同时，部分国家（地区）的网上零售、零工以及其他形式的自雇劳动增加了。服务产出尚待恢复到疫情前水平（Romei，2020）。这些趋势不仅影响了本行业的工人，也波及了相关行业的从业者。

疫情重构了劳动力市场，部分行业规模缩小、工人减少，部分行业规模扩大、工人增多。2021年，不同行业的复苏模型差异明显。接待业、旅游业和线下零售业等部分行业持续低迷，而信息通信业、物流和电商经济则发展壮大。疫情对各行业的冲击并不平衡，这也助长了不平等现象的产生。由于不同行业通常对应着某些具体的工人特征（如高技能或低技能，以男性为主或女性为主），这些行业的盛衰变化也加

剧了工人之间的不平等。疫情和相应限制措施的持续时间越长，对劳动力市场和就业轨迹的影响就越深刻、越持久。

与大型企业相比，小型企业的就业数量和工作时间的降幅更大。无论规模大小，众多企业都遭受了疫情冲击，但小型企业资金储备较少，抗冲击能力更差。疫情暴发前，大多数国家（地区）的中小微企业都占到本国（地区）企业总数的90%以上（OECD，2021a），共计贡献了全球大约60%~70%的就业（ITC，2015，2021）。由于疫情和防疫措施反反复复，经济活动也随之时盛时衰，许多中小微企业都于2021年倒闭。这也导致了劳动生产率的显著上升，因为大企业的单位时间产出普遍高于中小企业。受疫情影响，规模小、生产率低的企业纷纷破产，工人的平均产出随之提高（ILO，2021b）[①]。

相关研究显示，与大公司相比，小公司不仅损失的就业岗位更多，工时下降程度也更严重（ILO，2021b）。公司越小，工时下降的比重就越大（见图1.2）。此外，许多设法存活下来的小型企业负债累累，难以在未来开展投资和提高生产率，或许会以合并收场。

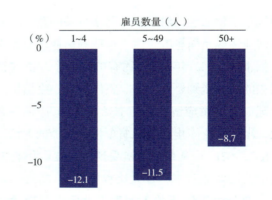

▶ 图1.2 2019~2020年按企业规模划分的工时变化
资料来源：国际劳工组织（2021b）。

在部分发达国家（地区）和部分发展中国家（地区），新创企业出现小幅增长（O'Donnell，Newman and Fikri，2021）。原因之一就是，工资稳定的工作减少，失业人群或就业困难人群决

---

① 如果想就新冠危机对生产率的影响进行有意义的分析，需要研究企业一级，或者至少是细分行业一级的生产率。当前可获得的数据尚不支持此类研究。

定转而自己创办企业。在发达国家（地区）的"辞职潮"中，初步证据同样显示，部分人可能是为了尝试其他事业而辞去工作（Thompson，2021；BLS，2021）。2020年8月至2021年8月间，美国的辞职人数和辞职率（即全月辞职人数占总就业人口的比重）双双增加（BLS，2021）。尽管这些趋势体现了新创企业的激增，但或许也的确反映出，无论是在发达国家（地区）还是发展中国家（地区），非正式就业现象都在加强。

大多数非正式企业为小微企业。非正式企业在疫情中受到的冲击比正式企业更加严重，部分原因在于它们更难获得正规信贷和疫情相关的政府支持。新兴企业的素质关系到其未来发展前景和创造体面就业的能力。总体而言，即便破产企业留下的空缺能够被填补，也需要一定的时间。这很大程度上取决于初创企业和中小微企业能否获得所需支持。与此同时，该趋势将持续抑制劳动力需求。

由于劳动力的供需扰动，2021年劳动力市场依旧艰难，虽然在一定程度上得到恢复，但仍未达到疫情前的水平。2020年，处于极端贫困或中度贫困的就业人口增多了。这一倒退趋势销蚀了疫情暴发前经过多年努力艰难取得的发展成果，阻碍了可持续发展目标的实现进程。例如，极端贫困人口在1999~2019年下降了10亿，而如今，全球贫困人口于二十年来首次显著增加——2020年，将近8000万人因新冠肺炎疫情而陷入贫困（Mahler et al.，2021）。劳动力市场扰动和民众丧失谋生渠道破坏了减贫事业的进程，情况堪忧。

▶ 1.2 就业趋势焦点

2023年，全年劳动力市场复苏将持续疲软。2021年，就业数量和劳动收入延续了上一年的持续下降态势。低收入和中等偏下收入国家（地区）受到的冲击最为严重（见表1.1）。此外，本就在劳动力市场处于不利地位的群体，如女性、青年、老人和移民工人，失去工作的概率比其他群体更高。

通过分析工作时间能够更好地理解此次危机对劳动力市场的各种影响。在与工时下降的相关数据中，最突出的就是失去工作或退出劳动力队伍的群体，以及虽然以受雇或自雇形式继续工作但受疫情影响而工时缩短的群体。政府或企业的保就业措施能否有效缓解工时下降问题仍有待观察。

根据人口增长因素调整后，2021年全球的就业数量、工作时间和劳动参与率都低于疫情前水平，这种情况预计至少将持续到2023年。2022年，人均工时（工时与全球15~64岁人口①的比率）预计仍将比2019年的水平低1.8%，就业率比2019年低1.7%，劳动参与率比2019年低1.1%（见图1.3）。

▶ **图1.3　每周工时、就业人口和劳动人口与全球15~64岁人口比率指数（2019年=100）**

注：由于可用数据有限，统计每周工时、就业人口和劳动人口时包含了15~64岁和65岁以上人口，但计算比率时仅采用了15~64岁人口。

资料来源：国际劳工组织劳工统计数据库（ILOSTAT），国际劳工组织模拟估算，2021年11月。

---

①　按15~64岁人口进行标准化处理可以对一段时间内的劳动力市场指标进行最佳比较，因为这个年龄段的人口最有可能处于经济活跃状态。随着人口年龄增长，退休人员的比例增加，劳动力在总人口中的占比趋于下降。

假设全职工作每周工时为48小时，相比于2019年第四季度，2021年全球减少的工时相当于损失了1.25亿个全职工作岗位。相比于2019年，2021年就业数量减少了9200万人，劳动参与率下降量相当于减少了6700万劳动力（见图1.4）。这些指数的下降幅度正在变小，但预计直到2023年结束，下降的趋势仍将持续且显著。尽管就业人口比率等相关比率仍低于危机前的水平，但人口的持续增长实际上提高了劳动力市场关键指标中的人口基数。正因如此，2022年全球工时、就业数量和劳动力将超过2019年的水平（见表1.1）。

▶ 表1.1　2019~2023年全球和按国家（地区）收入组别划分的每周工时、就业、失业和劳动力

国家（地区）	每周总工时与15~64岁人口的比率（%）					以全职等价工时表示的总工时（FTE=48小时/周）（百万小时）				
	2019年	2020年	2021年	2022年	2023年	2019年	2020年	2021年	2022年	2023年
世界	27.5	25.1	26.3	27.0	27.2	2883	2653	2810	2908	2958
低收入国家（地区）	23.5	21.9	22.3	22.9	23.2	174	167	175	186	195
中等偏下收入国家（地区）	25.5	22.7	23.8	24.8	25.1	1125	1015	1081	1142	1175
中等偏上收入国家（地区）	30.5	28.3	30.0	30.3	30.3	1127	1048	1113	1125	1128
高收入国家（地区）	27.8	25.7	26.8	27.7	28.0	457	423	441	455	460
	就业人口比率（%）					就业人口（百万人）				
	2019年	2020年	2021年	2022年	2023年	2019年	2020年	2021年	2022年	2023年
世界	57.3	54.8	55.4	55.8	56.0	3287	3183	3257	3325	3375
低收入国家（地区）	64.0	61.7	61.9	62.2	62.6	240	239	248	257	267
中等偏下收入国家（地区）	52.0	49.0	49.9	50.6	50.9	1198	1149	1189	1228	1255
中等偏上收入国家（地区）	61.6	59.3	59.7	59.9	59.9	1262	1223	1240	1252	1261
高收入国家（地区）	58.1	56.3	56.9	57.4	57.5	587	572	581	588	592
	失业率（%）					失业人口（百万人）				
	2019年	2020年	2021年	2022年	2023年	2019年	2020年	2021年	2022年	2023年
世界	5.4	6.6	6.2	5.9	5.7	186	224	214	207	203
低收入国家（地区）	4.9	5.6	5.9	6.0	5.7	12	14	15	16	16
中等偏下收入国家（地区）	5.1	6.6	5.9	5.6	5.4	64	81	74	72	72
中等偏上收入国家（地区）	6.0	6.7	6.7	6.6	6.3	80	88	90	88	85
高收入国家（地区）	4.8	6.5	5.6	4.9	4.7	29	40	35	31	29
	劳动参与率（%）					劳动力（百万人）				
	2019年	2020年	2021年	2022年	2023年	2019年	2020年	2021年	2022年	2023年
世界	60.5	58.6	59.0	59.3	59.4	3473	3407	3471	3532	3578
低收入国家（地区）	67.3	65.4	65.7	66.2	66.4	253	253	263	273	283
中等偏下收入国家（地区）	54.8	52.5	53.0	53.6	53.8	1262	1230	1263	1300	1327
中等偏上收入国家（地区）	65.5	63.6	64.0	64.1	64.0	1342	1312	1330	1340	1346
高收入国家（地区）	61.0	60.2	60.3	60.3	60.4	617	611	616	618	622

注：就业人口比率和劳动参与率针对的是15岁及以上人口。FTE=全职等价工时。

资料来源：国际劳工组织劳工统计数据库（ILOSTAT），国际劳工组织模拟估算，2021年11月。

▶ **图1.4　相对于2019年的全职等价工时、就业人口和劳动力赤字**

注：赤字指的是如果15~64岁人口的比例处于2019年第四季度的水平（工时）或处于2019年的水平（就业人口和劳动力），将比实际情况多出的全职等价工时（每周48小时）、就业人口和劳动力。

资料来源：作者基于国际劳工组织劳工统计数据库（ILOSTAT）计算，国际劳工组织模拟估算，2021年11月。

如果经济活动恢复活力而就业和劳动力增长依旧滞后，那么人均工时预计将恢复到疫情前水平。2020年全球工时下降，其一是因为工作场所暂时关闭造成就业人员平均工时大幅缩短，其二是因为就业人口下降。就业人口赤字在很大程度上由劳动力队伍人员流失所造成，与之相对的是失业人口增加（见图1.5）。劳动力的大批流失成为危机的一个长期主要影响因素，不过预计工人每周工时将在2023年大幅回升。

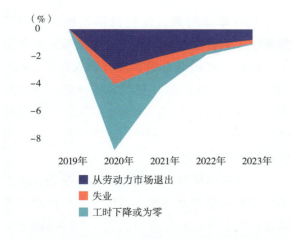

▶ **图1.5　与2019年相比（根据人口因素调整后的）世界每周工时变化，体现为劳动力、失业人口和就业人口平均工时的变化**

注：劳动力和失业人口变化量之和等于就业人口变化量。

资料来源：作者基于国际劳工组织劳工统计数据库（ILOSTAT）计算，国际劳工组织模拟估算，2021年11月。

全球劳动参与率在2019~2020年下降了近2个百分点，预计2023年将部分恢复，达59.4%，比2019年的60.5%低约1个百分点。据预计，就业复苏速度甚至比劳动力复苏还要慢，至少在2023年之前，全球的失业率都将高于2019年的水平（见表1.1）。2022年和2023年，预计全球失业人口将有所减少。但2023年全球失业人口预计为2.03亿，仍高于2019年的1.86亿。此外，失业率好转的情况预期将集中出现在高收入国家（地区）。高收入国家（地区）的劳动力仅占全球的18%，而2021~2023年其失业人口下降量将占到全球总量的一半。由于只有身处劳动力队伍的人才可能失业，劳动力尚不明朗的复苏前景又为相关的失业预测增加了不确定性。

自疫情暴发以来，中等偏下收入国家（地区）受到的冲击就一直最为严重。这些国家（地区）15~64岁人口的平均每周工时、就业率以及劳动参与率下降幅度均最大，复苏速度也最为缓慢。相关的贫困估测显示，2020年每10个新增的贫困人口中有8个出现在中等收入国家（地区）（World Bank，2020）。

▶ **图1.6 2019~2022年世界和不同收入水平国家（地区）按性别划分的就业人口比率**
资料来源：国际劳工组织劳工统计数据库（ILOSTAT），国际劳工组织模拟估算，2021年11月。

　　疫情对女性和青年就业的负面影响格外严重。[①]尽管与2019年相比，2020年女性和男性的就业人口比率降幅相差并不大，可是女性的就业率原本就比男性低得多。因此，女性就业人口比率的相对下降幅度大于男性，且预计未来几年仍将如此（见图1.6）。然而，在高收入国家（地区），2020年女性的失业情况与男性大致相同，2021年恢复就业的速度却快于男性。青年（15~24岁）比25岁以上人口受疫情冲击更为严重（ILO，2021b，2021d）。国际劳动组织即将发布的《2022年全球青年就业趋势》将详细介绍青年就业市场的现状和前景。

　　2021年工时恢复缓慢且不均衡，阻碍了劳动收入的普遍回升。由于世界范围内大多数工人没有充足的或者根本没有收入替代（ILO，2021e），这些家庭只得依靠储蓄支撑，消费需求受到抑制。发展中国家（地区）经济脆弱群体比重更大，而经济刺激措施规模较小，因此这种情况尤为突出。

　　疫情对不同行业的经济影响不平衡，加上需求抑制和供应链瓶颈，助推了部分行业的通胀和价格上涨。人们普遍认为，多数价格波动将趋于平稳，但其带来的不确定性不利于重新激活消费（BLS，2021）。虽然部分国家（地区）

---

① 国际劳工组织（ILO，2021g）介绍了危机对人口统计多个层面的异质性影响及其对劳动力市场特征的作用。

和部分行业的消费回归到正常水平，但经济重新开放只是局部现象且存在不确定性，继续阻碍着消费支出。气候变化加剧了食品和能源价格攀升，对家庭支出计划、消费和生产造成下行压力，进而抑制了对劳动力的需求（World Bank，2021）。

先进经济体的大规模经济刺激将拉动劳动力需求，因为这些政府不仅试图在短期内刺激消费，而且着眼长远，致力于"重建更好未来"

和提高经济韧性。疫情充分暴露出各国（地区）对处理新冠肺炎疫情等危机缺乏机制性准备，其中既有发达国家（地区）也有发展中国家（地区）。这或许能够推动结构性改变，使企业和工人更具韧性。然而，仅仅是对此类危机发生的可能性和破坏力加强认知并不能消除机制性准备不足的弊病，须确保未来能够应对如此规模的危机。

▶ 1.3 疫情重设

如果不能快速扭转疫情对就业和生计的破坏，将产生诱发长期结构性改变、对劳动力市场造成深远负面影响的风险。不平衡的防控措施导致体面工作不足，两者正在威胁经济可持续和包容性增长的前景。通胀率和价格的短期变动，或者资本成本相对劳动力价格的变化，这些问题持续得越久，就越有可能引发结构性问题。此外，疫情正在加剧不平等现象。疫情对女性、青年、移民和老人的不利影响尤其严重。通过加速技术变革，疫情揭示了不断加深的数字鸿沟。供应链所受的长期猛烈冲击增加了商业环境的不确定性，可能导致生产地域的重构，进而深刻影响就业。

1.3.1 宏观经济变化

目前，大多数分析者认为，通胀率的波动是由经济开放模式不平衡、需求抑制和供应链瓶颈造成的。随着经济趋于稳定，价格将从忽高忽低转为平稳（BLS，2021；World Bank，2021）。然而，如果疫情反复侵袭，或者出现例如与气候变化相关的其他危机，通胀可能造成结构性冲击。新冠肺炎疫情暴露了危机引发的波动能在多大程度上超出资本市场，延伸到劳动力市场，给大众（尤其是给最困难群体）造成破坏性后果。截至目前，振兴低迷经济所需

的巨大投资，以及部分基础服务行业工人持续短缺，似乎使部分国家（地区）的低收入家庭重新获得议价权。例如，在美国，低收入工人的工资增速达到了自2008年全球金融危机爆发以来的最高水平（Federal Reserve of Atlanta，2021）。然而，如果通胀变得更加普遍，政府可能会过早采取紧缩措施，这或许会延长就业危机。

在部分发达国家（地区），货币对策拉高了资产价格，更多地使资本所有者和寻租行为获益，而不是有利于生产性投资和创造就业机会。众所周知，在过去三十年大部分的时间里，劳动收入在国民收入中的占比都在下降，而资本占比却在上升（IMF，2017；ILO，2020a；Dao et al.，2017；Guerriero，2019）。在很多先进经济体，由于缺乏强有力的宏观审慎框架，以及无法通过加强公共投资稳定支持实体经济，非常规的货币政策将全球股市推向未曾有过的高度，使财富不平等进一步恶化，加剧了市场集中化现象，股东和房产所有者由此获利（Colciago，Samarina and de Haan，2019；Dossche，Slacalek and Wolswijk，2021）。这不仅威胁着政治社会稳定，也可能因为抑制工薪家庭消费而导致经济增长不稳定（Onaran and Galanis，2013；Ernst and Saliba，2018）。

长期的人口变化趋势将减少劳动力供给。

与其他发达国家（地区）相同，部分东亚国家（地区）人口也在迅速老龄化，这将在未来许多年里减少劳动力供给。从疫情暴发开始，部分行业（例如与科学技术相关的行业）一直在快速扩张，产生了更多用工需求。随着发展，这些行业对劳动力需求的快速增加可能会使这些行业的工资上涨；如果国际迁徙能恢复，工资上涨的范围将更加广泛。

另外，疫情体现出技术加速应用的迹象（Dewan and Ernst, 2020），这将节省劳动力。与此同时，包括建筑业、零售业和招待业在内的全球许多行业的就业岗位减少了，至少是暂时性地减少了。这促使工人流向其他行业。用工需求增加的行业通常需要高技能工人，比如科技产业。这些趋势共同推动了工资和工作条件的两极分化。这种模式对发展中国家（地区）危害更大，对其中的许多国家（地区）而言，为其庞大且正在增长的人口提供充足的就业岗位已然非常吃力。面对可能导致失业和其他劳动力流失的未来变化，技术引进已经先于劳动力市场作好了准备（Carbonero, Ernst and Weber, 2020）。

展望未来，宏观政策制定者面临艰难抉择。恶性通胀要求以比现在更快的速度收紧政策。与此同时，经济复苏具有不对称性，收紧政策对低收入家庭的打击更大。此外，货币政策制定者还受到高水平（公共）债务的限制：过早或过快升高利率可能会迫使财政政策制定者缩减支持措施，进而放大货币政策紧缩的效应。最有可能出现的情况是，各大中央银行会在不以牺牲私营（银行）部门持续刺激措施为代价而升高利率的情况下，减少资产收购。财政政策制定者可能会变得更加节俭，加强支持政策的针对性。然而利率已经在升高了，不仅给汇率和资金流动造成影响，还进一步增加了经济复苏的压力。在滞涨更加严重的低收入和中等偏低收入国家（地区），上述情况尤其突出。

1.3.2　不平等加剧

加速的技术变革正在扩大数字鸿沟

疫情发生之前，技术进步就深刻影响着媒体、零售、医疗卫生、社会互动、金融交易和政治。技术进步促进了劳动替代，创造了新的就业岗位，但也将现有工作分解为更小的任务，正在从根本上改变劳动力市场的结构（Dewan, 2018; ILO, 2020b）。在某些产业，技术应用节约了劳动力。如当机器人应用于制造业，或者当技术提高了生产效率，对工人的需求随即减少。在另一些产业，如零工经济，越来越多的人正通过平台创造收入。处在这样的变革中，没有掌握科学技术或者缺乏科学技术使用能力的人，以及受到某些算法歧视的人，处于显著的不利地位（ILO, 2021f）。疫情不仅加速了上述变革，还加深了各国（地区）之间及其内部的数字鸿沟。

新冠危机期间，掌握科学技术以及能够居家工作的人比工作地点固定的从业者境况更好。前者一般从事高技能职业，而且/或者受雇于大规模正式企业——这种趋势扩大了上述差距。

随着教育和培训机构关停或转到线上，无论是教师、培训人员还是学生，只有具备了相关的技术设备和技能，才能有效参与。对于无法有效开展线上学习的学生，因此造成的损失将对其完成从教育到就业的转变产生重要影响。发展中国家（地区）的数字鸿沟更加突出，经济脆弱群体受到的影响尤其明显。

在疫情的推动和技术的加持下，消费正在变得更加分散、冲动和个性化。这些趋势相互交织，为电商经济和正在发展的平台化（platformization）开辟了道路，使得即便在地区封锁的情况下，经济活动仍然能够进行，同时也改变着工作结构。以零售业为例，工作人员的责任从全程与消费者互动变成了单一的安排发货。

更多公司深刻意识到这场全球危机可能引发的对供给链的冲击，可能会选择自动化生产来应对未来的扰动。这也意味着生产或许将近岸外包或回流，供给链可能会重新组织，这对依赖外贸的新兴国家（地区）和发展中国家（地区）将产生重要影响。当这些经济活动转移到劳动力成本和资金成本权衡不同的国家（地区）时，也将伴随着更高程度的自动化。

最后，技术正以史无前例的规模与速度发展和投入使用，产生大量数据，促使权力集中在科技企业手里。这些企业的利润飙升只是表现之一。另一个表现是，大众对"工人"和"雇主"概念的共同理解逐渐淡化。社会保障和就业脱节（Dewan and Mukhopadhyay，2018），要想把没有共同工作场所（如厂房车间）的自雇劳动者组织起来困难重重，从而进一步加剧了这种不对称。

疫情加剧了性别不平等

就全球劳动力市场而言，女性（尤其是年轻女性）受疫情冲击最为严重，她们恢复就业的速度也最慢。即便是在没有危机的情况下，体面工作不足的问题在女性中也更为突出。与男性相比，她们通常从事同样的工作却获得较低的薪酬，工作条件也往往更差。她们比男性更容易被辞退，辞退后重回劳动力市场的障碍也更多。联合国妇女署和联合国开发计划署的分析表明，截至2021年，全世界有将近4.35亿妇女和女童每日生活费不足1.9美元，4700万妇女和女童因疫情相关的冲击而返贫（UN Women，2020）。

在部分受疫情冲击最严重的行业，女性占了劳动力构成的很大比重。例如，在全世界的卫生和护理机构中，70%的工作人员为女性（ILO，2020c）。在发展中经济体，很大比例的女性依赖于与供应链直接或间接相关的就业。供给链断裂严重影响了女性就业。此外，进行地区封锁时，男性和孩子无法外出上班、上学，增加了家务照护的负担，这些负担大部分由女性承担（ILO，2020a）。

考虑到女性比男性更倾向于把资源花费在维持家庭和支持社区方面，对女性就业的冲击将损害家庭、社区和经济体的福祉（World Bank，2012）。

"学习损失"影响学生长远发展

在许多国家（地区），学校、大学和技术培训机构长期关闭，削弱了学习效果，将对就业产生长期的级联效应。在国际劳工组织和世界银行对126个国家（地区）职业技术教育与培训利益攸关方的调研中，几乎所有回应者都表示，其所在国家（地区）的职业技术教育与培训中心完全关闭。与之类似，98%的回应者表示企业关闭中断了基于工作的学习，78%的回应者反映了考试或考评延期甚至是推迟情况。2020年8月，有估测认为全球69%的儿童有潜力开展线上或广播电视学习（UNICEF，2020），随着疫情的持续，人们发现这种估计显然是过于乐观了。能够开展线上学习的儿童比不具备线上学习条件的儿童更具优势，这再次加剧了拥有者和匮乏者之间的不平等，也给包容性发展制造了更多阻碍。失去识字、算数以及其他学科方面的基础能力将对学生未来的全面学习造成直接影响，进而影响他们对未来生活和工作的准备。

1.3.3 灵活性2.0：非正式性和工作模式的变化

20世纪90年代后的历次经济危机都彰显了通过投资社会保障提高经济韧性的重要性，同时也提出了如何平衡劳动力市场灵活性和劳动保护的问题。然而，在过去的三十年，技术、气候变化和疫情带来的重大转变重塑了劳动力市场，催生了重新定义"灵活性"的就业新趋势。

工作非正式性的转变

在拥有大规模非正式经济的发展中国家（地区），劳动力市场监管措施的效力有限。大多数工人在非正式经济内就业，导致就业和工资的灵活性非常高，但这种灵活性损害了生产潜力。非正式经济包括非正规或未注册的企业，这些企业可能没有实力、相关知识技能或意愿处理社会贡献、制度规范或证照要求等事务，因此选择不进入正式经济。这就是为什么这些企业一般都是小型或微型企业。这些企业不仅抵御疫情带来的经济冲击的资金储备较少，而且由于其非正规的性质，也无法获得相应的政府支持。

非正式就业也包括在正式企业就业但未被社会保障覆盖且基本享受不到劳动保护的个体。2019年，全球有200亿人，也就是60%的就业人口，属于非正式就业。非正式就业具有生产率低和工资低的特点（ILO，2021a；Dewan and Peek，2007）。

疫情初期，非正式工人失去工作的概率是正式工人的3倍。一个包含10个中等收入国家（地区）的样本显示，随着疫情的持续，正式有偿带薪工人设法重新就业，而非正式有偿带薪工人的就业率仍然低于疫情前的水平（见图1.7）。这说明正式企业能够比非正式企业更好地应对危机。2020年第二季度，非正式自营职业者经历了最大幅度的就业下降，之后较快速地恢复；2021年第二季度，非正式自营职业者的就业下降量明显减少。这表明，部分失去正式工作的人进入了非正式就业，以便维持生计。这种变化或许减少了无业现象，但复苏过程中新增就业的质量令人忧心（见第2章）。

很大一部分非正式工人同时也是自营业者，他们经营自己的企业，或在其他行业独立从业，但不聘用雇员。无报酬家庭帮工参与家庭经营活动时不签订合约、没有报酬，显然属于非正式就业。疲弱的劳动力市场将许多工人推向家庭企业。2020年，自雇和无报酬家庭工作增加，一改之前的长期下降趋势（见图1.8）。

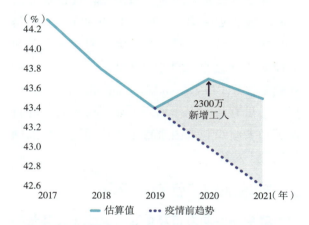

▶ **图1.8 2017~2021年世界自雇和无报酬家庭工作在就业总量中的占比**
注：新增工人的估算值由2020年的估算占比与疫情前趋势的差值乘以2020年的总就业人口得出。
资料来源：国际劳工组织劳工统计数据库（ILOSTAT），国际劳工组织模拟估算，2021年11月；作者计算。

有证据显示，疫情正在促进零工增长，扩大自雇劳动者规模。在许多发展中国家（地

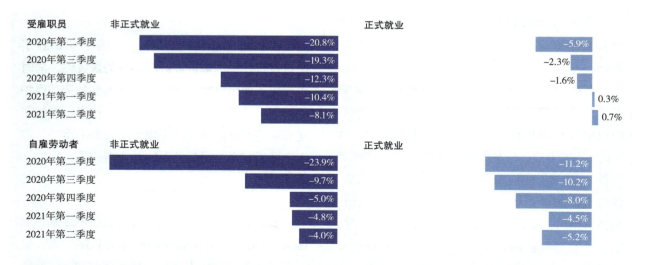

▶ **图1.7 与2019年同季度相比，2020年第二季度至2021年第二季度的就业变化率（按就业状况和正式程度划分）**
注：本图展示了一个由10个具有所有时间段可用数据的国家（地区）构成的样本与2019年同季度相比的就业中位数。
资料来源：作者基于国际劳工组织劳工统计数据库（ILOSTAT）计算而得。

区），自雇劳动已经占到了就业总量的 50%。这一比重将随着零工的持续发展而增大，尤其是疫情期间，工人们在失去工作后转而从事门槛较低的零工。在发达国家（地区），工人经常通过零工赚取额外收入，而在发展中国家（地区）和新兴国家（地区），零工则被作为主要收入来源。不同类型的零工，自主性和灵活性存在差别（Bester，van der Linden and Dewan，2020）。这种就业形式也将传统的工作分拆为较小的组成部分，由更多人完成。在发展中国家（地区），零工工人经常注册多个平台，以便获得足够的订单，凑齐一份收入。一个人能否接到足够的零工订单存在不确定性，再加上其他因素，导致这种工作形式缺乏保障（ILO，2021f）。

临时性就业

临时性就业在就业总量中的份额逐步增长，尽管不同行业和不同国家（地区）的增长情况不同，但整个疫情期间，临时性就业的发生率基本保持稳定。临时性就业本身具有更加灵活的特点，雇主能够更容易地聘用和解聘工作人员，在危机发生后较好地应对需求波动。因此，许多临时工在疫情之初失去工作，但之后在各个经济体，新的临时性工作岗位反而增多了（见第3章）。这两种趋势的最终结果是，整个疫情期间临时性工作的发生率基本保持稳定。更重要的是，2021年初，超过 1/4 的临时性工作岗位此前是非临时性的，突显出经济的不确定性及随之而来的就业不稳定。这一发现同样证明，疫情正在促使劳动力市场发生结构性变化。

工作模式发生转变——主要体现在岗位非正式性、自雇劳动和临时性就业方面的变化，既会影响劳动保护的效力，也将影响工人能否参与社会对话，甚至是能否获得基本的社会保障。社会福利与就业越是脱钩，就越需要政府通过人人有责的税收体系和其他机制投入资金，提供社会保障。

远程工作的兴起

疫情引起各行各业的起伏兴衰，危机不仅改变着现有的工作种类，也改变着工作地点和工作方式。远程工作更加灵活，但也可能会加重不同类型的不平等。具备远程工作条件的企业由于不再受地理距离限制，可拥有更多的工作和员工储备。远程工作的灵活性也使得人们能更好地平衡家庭责任和赚取收入，这对承担更多家庭工作的女性来说具有重要意义。然而，疫情也加重了女性肩上本就沉重的家庭责任，使得她们的时间更加紧张。掌握科技手段和较高技能的人多在大企业就职，可以选择远程工作，而不具备这些条件的人则不能。这加深了拥有者和匮乏者之间的鸿沟。

工作的地域变化

疫情突显了与散布多国的分散式供应链相关的风险。那些正在思考如何应对风险的雇主或许可以考虑从"及时生产"转变为"预先生产"模式，使其潜在供应商更加多样化。然而，疫情还为生产的近岸外包和回流注入了新的动力。"近岸外包"是指公司将生产转移到更靠近最终消费者的地点，以便更好地应对意外冲击引发的状况。"回流"是指将生产业（尤其是制造业）转移回国内。

以往国家（地区）间交易的初级产品或简单制成品生产地点靠近消费地点，价格低廉的科技和运输手段使分散的全球供应链得以实现，来自发达国家（地区）的跨国公司可以借此将部分生产业务外包给发展中经济体和新兴经济体（Dewan and Suedekum，2017）。很多国家（地区）借此开发利用过剩的低成本劳动力，对它们而言，这种形式的离岸外包是重要的就业和增长来源。然而，分散的生产链和复杂的供应商网络也对体面的工作条件产生了负面影响，国际劳工组织、各国政府和社会伙伴正在致力于改善这一状况。

近年来，技术的价格变得越来越低廉，促进了工作回流；疫情或将加速这一趋势，但影响程度尚不确定。生产回流对就业数量有着双重打击。它扭转了生产的离岸外包，而离岸外包正是发展中经济体和新兴经济体创造就业和拉动增长的重要力量。然而，由于这种策略需要技术赋能和密集的资本，母国创造的就业也可能很有限。生产回流使得世界范围内供应链更加整合，生产更加集中，供应链创造的就业机会比以往更少。目前生产回流的程度尚不清晰，因为很多公司或许仍然希望使生产地点靠近新兴市场的新消费者。

无论是离岸外包、生产回流还是近岸外包，都突显出技术对"游移性产业"的促进作用，即这些产业能够更容易地改变地点以维持生产成本和净利润。经济活动的地域重置不仅影响着新增或减少的就业岗位的地点和种类，也限制了工人的议价能力（Dewan，2018）。

▶ 1.4　政府作为

疫情后的政策背景：从应急援助到"建设更好未来"

2020年，面对新冠肺炎疫情，最初的政策反应体现了此次危机的紧迫性，反映出各国政府和多边机构一致认为要想抑制疫情的灾难性影响，必须迅速扩展社会保障。全世界范围内，几乎所有国家（地区）都尝试为居民家庭纾困解难，主要措施包括落实失业保险、扩大失业救济申领工人范围、提高福利水平、提高救助发放速度，以及/或者启动新的现金转移支付（ILO，2020d）。此外，许多国家（地区）向企业提供直接补助，目的在于减少裁员，弥补小型企业的损失。

随着本次全球健康危机的持续，应对政策从最初的提供紧急援助演变为更复杂的全球经济政策制定范式的转变。世界主要经济体和多边机构逐渐就"重建更好未来"的概念达成一致，即要在重建经济的过程中解决系统性和结构性的不平等，应对其他长期的经济社会挑战，如疫情暴发前就已经存在的气候变化问题（UNCTAD，2021）。这一表述最初由美国拜登政府在疫情背景下使用，现已成为全世界将疫情恢复措施作为机遇，解决长期存在并于2021年因疫情而加剧的挑战的缩写。

《国际劳工组织关于劳动世界的未来百年宣言》（简称《百年宣言》）提供了以人为本的政策议程蓝本，旨在克服疫情危机，应对现有挑战，并引领世界走向更好的未来。国际劳工组织《全球行动呼吁：从新冠危机中实现包容性、可持续和有韧性的以人为本复苏》（ILO，2021g）代表了政府、雇主和工人加快落实《百年宣言》中以人为本的政策议程的承诺。实现以人为本的复苏依赖于以下四个主要方面：包容性经济增长和就业、覆盖全部工人的保护、全民社会保障以及社会对话。

与2008年全球金融危机的应对政策不同，除了通过大规模公共投资应对全球现存威胁，这一政策议程还强调解决不平等问题。彼时，大多数经济体的刺激措施很快消退；而2021年，全球各国（地区）（尤其是最富裕的经济体）更侧重在执行适应性货币政策的同时保持强劲的政府支出。

政府和多边机构试图借助疫情后的经济复苏应对结构性和长期性问题，随之涌现出多个政策优先领域。世界各国政府都在努力促进中低收入群体就业，设法增加其收入。疫情暴露和加剧了广泛存在于全球几乎所有社会的深刻不平等，提示各国（地区）更加关注劳动力市场的不平等。疫情初期，各国（地区）政府着重快速拓展社会保障体系，尤其是失业保险（ILO，2020d）。随着疫情的持续和经济的重新开放，各国（地区）正在设法促进工人回归劳动力市场，并努力提升工作质量。鉴于疫情尚未结束，这一目标的实现将面临严峻挑战。在这次全球公共健康危机期间，在基础行业就业的艰辛给许多工人留下创伤，促使他们尝试改变职业道路；其他工人则继续面临照护责任增加、幼儿托育服务缺乏等障碍，难以回归职场。为了应对这些问题，发展中和发达国家（地区）采取了各种就业政策，其中包括多项积极的劳动力市场政策，如投资培训、公共就业项目、就业补贴、初创企业优惠待遇和劳动力市场服务等（ILO，2020b）。

为了抑制不平等并保障公共投资所需资源，协调全球公司税率的势头正在日益壮大。 这是全球"重建更好未来"议程的两个基石之一。2021年7月，G20/OECD《税基侵蚀和利润转移包容性框架》的131个成员（占到全球GDP总量的90%以上），加入了协调税收政策的协议。该政策有两个支柱：一是涉及多个最大跨国企业的更加公平的利润分配和征税权利，二是全球最低公司税率（OECD，2021b）。该协议是在税收领域开展多边协作的重要一步，数字化趋势使得这种多边协作非常复杂，而疫情又加速了数字化进程。"建设更好未来"议程的第三个要素就是加速投资绿色经济。政策制定者越来越坚信，绿色经济对遏制全球气温升高不可或缺，同时能够创造新的、更好形式的就业。

虽然全球各国（地区）政府一致认为疫情后的经济复苏应当解决不平等和工作质量差等长期问题，直面对气候变化不作为等主要挑战，但如何在这一过程中确保低收入和中等偏下收入国家（地区）不掉队，则困难重重。高收入国家（地区）拥有多种资源和债务融资能力，因此有能力开展大规模公共投资，减少不平等。

然而，疫情使低收入和中等偏下收入国家（地区）投资开展此类项目的难度进一步增加；由于危机的不确定性，其中的大多数国家（地区）出现了负面的资本净流出。因此，与低收入和中等偏下收入国家（地区）相比，高收入国家（地区）能够维持加强失业救济等疫情相关刺激措施的时间要长得多。此外，分析显示，改变全球公司税政策后，所增加的收入中有大约60%将流入G7国家（UNCTAD，2021）。普及疫苗接种对重振经济活动至关重要，也再次展示了高收入和低收入国家（地区）之间的差距是如何扩大的。如果没有持续和强有力的多边举措，如果国际社会不能提供资金支持在低收入和中等偏下收入国家（地区）采取重要措施创造高质量工作、打造低碳未来，那么"建设更好未来"将很可能成为世界上最富裕的国家（地区）的特权（ILO，2021h）。

许多国家（地区）的财政空间有限，采取刺激措施后更是如此。 财政空间取决于国际借贷能力，如果发达经济体的中央银行决定采取严厉措施对抗通胀威胁，那么这些国家（地区）在国际借贷方面将面临压力。

新冠肺炎疫情迫使各国（地区）走上未曾设想过或未做好准备的一条道路。 各国（地区）必须变得更有韧性，确保自身有足够的能力提供公共产品，应对日益不确定和脆弱的全球经济（Ernst，2021）。为了提高韧性，政府、雇主和工人应当贯彻《全球行动呼吁》，为未来的劳动世界做好准备。

参考文献

▶ APU (Azim Premji University). 2021. *State of Working India 2021: One Year of Covid-19*. Bengaluru: Centre for Sustainable Employment. https://cse.azimpremjiuniversity.edu.in/wp-content/uploads/2021/05/State_of_Working_India_2021-One_year_of_Covid-19.pdf.

▶ Bester, Hennie, A. van der Linden, and S. Dewan. 2020. *Policy Options for Regulating Platform Work*. Bellville, South Africa: Cenfri and JustJobs Network. https://cenfri.org/wp-content/uploads/Policy-options-for-regulating-platform-work_Nov-2020-2.pdf.

▶ Bharathi, Divya, and G.P. Dinesh. 2021. "Impact of COVID-19 Pandemic on Indian Services Sector". *SSRN*, 20 July 2021.

▶ BLS (US Bureau of Labor Statistics). 2021. "Quits Levels and Rates by Industry and Region, Seasonally Adjusted". https://www.bls.gov/news.release/jolts.t04.htm.

▶ Carbonero, Francesco, Ekkehard Ernst, and Enzo Weber. 2020: "Robots Worldwide: The Impact of Automation on Employment and Trade", IAB Discussion Paper 7-2020.

▶ Colciago, Andrea, Anna Samarina, and Jakob de Haan. 2019. "Central Bank Policies and Income and Wealth Inequality: A Survey". *Journal of Economic Surveys* 33 (4): 1199–1231.

▶ Dao, Mai Chi, Mitali Das, Zsoka Koczan, and Weicheng Lian. 2017. "Drivers of Declining Labor Share of Income". *IMFblog* (blog), 12 April 2017. https://blogs.imf.org/2017/04/12/drivers-ofdeclining-labor-share-of-income/.

▶ Dewan, Sabina. 2018. "Wired for Work: Exploring the Nexus of Technology & Jobs", Working Paper commissioned by the Group of 24 and Friedrich-Ebert-Stiftung New York. https://www.g24.org/wp-content/uploads/2018/12/Sabina_Dewan_Wired_for_Work_FINAL.pdf.

▶ Dewan, Sabina, and Ekkehard Ernst. 2020. "Rethinking the World of Work". *Finance and Development*, Winter 2020. https://www.imf.org/external/pubs/ft/fandd/2020/12/rethinking-theworld-of-work-dewan.htm.

▶ Dewan, Sabina, and P. Mukhopadhyay. 2018. "More than Formalizing Informal Jobs, We Need to Create Productive Ones". *Hindustan Times*, 14 December 2018. https://www.hindustantimes. com/analysis/more-than-formalising-informal-jobs-we-need-to-create-productive-ones/storyhYKlDjHH1lrMVTZ3iihRRP. html.

▶ Dewan, Sabina, and Peter Peek. 2007. "Beyond the Employment/Unemployment Dichotomy: Measuring the Quality of Employment in Low-Income Countries", ILO Policy Integration and Statistics Department Working Paper No. 83. https://www.ilo.org/wcmsp5/groups/public/@dgreports/@integration/documents/publication/wcms_091732.pdf.

▶ Dewan, Sabina, and J. Suedekum. 2017. "The Global Deal and Trade: Harnessing the

Benefits for Greater Development, Equality and Growth", Discussion Paper, November 2017. http://globaldeal.azurewebsites.net/wp-content/uploads/2017/11/2017-11-20-Charting-a-New-Path__FINAL-21-nov.pdf.

▶ Dossche, Maarten, Jiří Slačálek, and Guido Wolswijk. 2021. "Monetary Policy and Inequality", *ECB Economic Bulletin*, No. 2. https://www.ecb.europa.eu/pub/economic-bulletin/articles/2021/html/ecb.ebart202102_01~1773181511.en.html.

▶ Ernst, E. 2020. "The Return of the Fourth Horseman: How the Current Pandemic Might Re-shape Our World". *Medium*, 30 March 2020. https://medium.com/@ekkehard_ernst/the-return-of-thefourth-horseman-how-the-current-pandemic-might-re-shape-our-world-4f82d7f8eac4.

▶ ———. 2021. "The Paradox of Efficiency: Why the Second-Best May Help Us Hedging Risks in Uncertain Times", in *Productivity and the Pandemic: Challenges and Insights from Covid-19*, edited by P. McCann and T. Vorley, 205–218. London: Edward Elgar.

▶ Ernst, E., and F. Saliba. 2018. "Are House Prices Responsible for Unemployment Persistence?" *Open Economies Review* 29 (4): 795–833.

▶ Federal Reserve of Atlanta. 2021. "Wage Growth Tracker". https://www.atlantafed.org/chcs/wage-growth-tracker.

▶ Frohm, Erik. 2021. "Labour Shortages and Wage Growth", ECB Working Paper Series No. 2576.https://www.ecb.europa.eu/pub/pdf/scpwps/ecb.wp2576~3f8114fc02.en.pdf.

▶ Goodman, P.S., and N. Chokshi. 2021. "How the World Ran out of Everything". *New York Times*, 1 June 2021.

▶ Guerriero, M. 2019. "The Labour Share of Income around the World: Evidence from a Panel Dataset", Asian Development Bank Institute (ADBI) Working Paper 920.

▶ ILO. 2020a. *World Employment and Social Outlook: Trends 2020*.

▶ ———. 2020b. "Delivering Income and Employment Support in Times of COVID-19: Integrating Cash Transfers with Active Labour Market Policies", ILO Policy Brief, 18 June 2020.

▶ ———. 2020c. "Women Health Workers: Working Relentlessly in Hospitals and at Home", Comment, 7 April 2020. https://www.ilo.org/global/about-the-ilo/newsroom/news/WCMS_741060/lang--en/index.htm.

▶ ———. 2020d. "Social Protection Responses to the COVID-19 Crisis: Country Responses and Policy Considerations", ILO Brief, 22 April 2020.

▶ ———. 2021a. *World Employment and Social Outlook: Trends 2021*.

▶ ———. 2021b. "ILO Monitor: COVID-19 and the World of Work. Eighth Edition", ILO Briefing Note, 27 October 2021. https://www.ilo.org/wcmsp5/groups/public/---dgreports/---dcomm/documents/briefingnote/wcms_824092.pdf.

▶ ———. 2021c. "COVID-19, Vaccinations and Consumer Demand: How Jobs Are Affected through Global Supply Chains", ILO Brief, June 2021. https://www.ilo.org/wcmsp5/groups/public/@dgreports/@inst/documents/briefingnote/wcms_806472.pdf.

▶ ———. 2021d. "An Update on the Youth Labour Market Impact of the COVID-19 Crisis", ILO Briefing Note, June 2021.

▶ ———. 2021e. *World Social Protection Report 2020–22: Social Protection at the Crossroads – In Pursuit of a Better Future.*

▶ ———. 2021f. *World Employment and Social Outlook: The Role of Digital Labour Platforms in Transforming the World of Work.*

▶ ———. 2021g. Global Call to Action for a Human-Centred Recovery from the COVID-19 Crisis that is Inclusive, Sustainable and Resilient.

▶ ———. 2021h. "Financing Human-Centred COVID-19 Recovery and Decisive Climate Action Worldwide: International Cooperation's Twenty-First Century Moment of Truth", ILO Working Paper No. 40.

▶ IMF (International Monetary Fund). 2017. *World Economic Outlook.* Washington, DC.

▶ ———. 2021. *World Economic Outlook Update.* Washington, DC.

▶ ITC (International Trade Centre). 2015. *SME Competitiveness Outlook 2015: Connect, Compete and Change for Inclusive Growth.* Geneva. http://www.intracen.org/uploadedFiles/intracenorg/Content/Publications/2015SMECompOutlookEXSumm.pdf.

▶ ———. 2021. *SME Competitiveness Outlook 2021: Empowering the Green Recovery.* Geneva.

▶ Mahler, Daniel Gerszon, Nishant Yonzan, Christoph Lakner, R. Andres Castaneda Aguilar, and Haoyu Wu. 2021. "Updated Estimates of the Impact of COVID-19 on Global Poverty: Turning the Corner on the Pandemic in 2021?" *World Bank Blogs* (blog), 24 June 2021. https://blogs.worldbank.org/opendata/updated-estimates-impact-covid-19-global-poverty-turning-corner-pandemic-2021.

▶ Manpower Group. 2021. "The Talent Shortage". https://go.manpowergroup.com/talentshortage.

▶ Miroudot, Sébastien. 2017. "The Servicification of Global Value Chains: Evidence and Policy Implications". UNCTAD Multi-year Expert Meeting on Trade Services and Development, Geneva, 18–20 July 2017. https://unctad.org/system/files/non-official-document/c1mem5_2017_124_S3_Miroudot_2.pdf.

▶ Miroudot, Sébastien, and Charles Cadestin. 2017. "Services in Global Value Chains: From Inputs to Value-Creating Activities", OECD Trade Policy Paper No. 197.

▶ Nordwall, Agnes. 2016. *The Servicification of EU Manufacturing: Building Competitiveness in the Internal Market.* Stockholm: National Board of Trade, Sweden.

▶ O'Donnell, Jimmy, Daniel Newman, and Kenan Fikri. 2021. "The Startup Surge? Unpacking 2020 Trends in Business Formation". *Economic Innovation Group*, 8 February 2021. https://eig.org/news/the-startup-surge-business-formation-trends-in-2020.

▶ OECD (Organisation for Economic Co-operation and Development). 2021a. OECD SME and Entrepreneurship Outlook 2021. Paris. https://www.oecd-ilibrary.org/sites/6039c015-en/index.html?itemId=/content/component/6039c015-en.

▶ ———. 2021b. *OECD Secretary-General Tax Report to G20 Finance Ministers and Central Bank Governors.* Paris.

▶ Onaran, O., and Giorgos Galanis. 2013. "Is Aggregate Demand Wage-Led or Profit-Led?" In *Wage-Led Growth: An Equitable Strategy for Economic Recovery*, edited by Marc Lavoie and Engelbert Stockhammer, 71–99. London: Palgrave Macmillan.

▶ Renna, Francesco, and Patrick Coate. 2021. "Is There a Labor Shortage?" Quarterly Economics Briefing – Q2 2021, 11 August 2021. https://www.ncci.com/SecureDocuments/QEB/Insights-2021-Q2_LaborShortage_2021.html.

▶ Romei, Valentina. 2020. "UK Economic Rebound Leaves Output Far Below Pre-pandemic Levels". *Financial Times*, 12 November 2020.

▶ Thompson, Derek. 2021. "The Great Resignation Is Accelerating: A Lasting Effect of This Pandemic Will Be a Revolution in Worker Expectations". *The Atlantic*, 15 October 2021. https://www.theatlantic.com/ideas/archive/2021/10/great-resignation-accelerating/620382/.

▶ UNCTAD (United Nations Conference on Trade and Development). 2021. *Trade and Development Report 2021: From Recovery to Resilience: The Development Dimension*. Geneva.

▶ UNICEF (United Nations Children's Fund). 2020. "Are Children Able to Continue Learning during School Closures?" New York, NY.

▶ UN Women. 2020. "From Insights to Action: Gender Equality in the Wake of COVID-19". New York, NY.

▶ WEF (World Economic Forum). 2019. "An Economist Explains Why Women Are Paid Less". 8 March 2019. https://www.weforum.org/agenda/2019/03/an-economist-explains-why-womenget-paid-less/.

▶ WHO (World Health Organization). 2021. "Numbers at a Glance". https://www.who.int/emergencies/diseases/novel-coronavirus-2019.

▶ World Bank. 2012. *World Development Report 2012: Gender Equality and Development*. Washington, DC.

▶ ———. 2020. *Poverty and Shared Prosperity*. Washington, DC.

▶ ———. 2021. *Global Economic Prospects, June 2021*. Washington, DC.

第2章

各区域的就业和社会趋势

▶ 概述

本章分析了新冠危机自暴发以来的影响，以及2021年世界各区域经历的不同复苏进程，这种不同主要取决于新的疫情情况、疫苗普及情况、新的防控措施、财政政策及其他宏观经济因素。本章呈现了劳动力市场关键指标的最新数据，并对世界各区域的经济和社会趋势进行了预测。本章共包括五个部分，分别对应广泛意义上的世界几大区域[①]，即非洲、美洲、阿拉伯国家、亚洲和太平洋地区，以及欧洲和中亚。每一节都深入分析到次区域层面，这些次区域由地理距离较近的国家（地区）组成，其中很多在经济上的联系也较为紧密。每个区域的分析自成一体，每一节可以独立于其他章节。每节都列有表格，展示同一组劳动力市场指标自2019~2023年的数据，进而展现自疫情暴发以来的演变情况，体现各区域不平衡的复苏进程。

疫情暴发前，世界已经呈现不平等日益加剧的特点，表现为全球工人收入比重下降，工人收入差距增大，实际工资增长停滞，以及收入不稳定加剧（ILO，2021a，2021b）。《世界就业和社会展望2021年趋势》重点介绍了疫情危机如何进一步暴露和加剧了各区域、各国家（地区）的结构性变化和体面工作不足的问题（ILO，2021a）。在上一期报告的基础上，本报告对因疫情而变得更加紧迫的结构性问题进行了专题论述。相关分析着眼于如何在非洲协调经济发展和创造体面工作，如何在阿拉伯国家启动结构性改革和促进私营部门发展，如何在北美抑制日益加剧的资本和劳动力不平衡现象，如何提高拉丁美洲和加勒比地区的正式化程度，如何在亚洲和太平洋地区改善快速发展的服务业的工作条件和生产效率，以及如何促进欧洲

和中亚的劳动力市场进场和劳动参与。阅读时不应认为每个专题聚焦的问题仅限于某一特定区域或次区域，因为大部分专题的议题与多个区域都相关。

2021年即将结束之际，世界各区域经济复苏和总体面貌的差距日益扩大。能否获得疫苗是重要的分界线。尽管有些国家和地区（主要是发达经济体）已经进入复苏阶段，但其他国家和地区仍在经历旷日持久的危机，新冠肺炎感染和死亡病例反复出现（UNCTAD，2021；IMF，2021a）。新的病毒变种和反复暴发的疫情令人担忧，在拉丁美洲大部分区域，死亡率居高不下。疫苗获取的不平等扩大了各区域和各国（地区）疫情应对能力的差距，这种差距体现在多个方面，如卫生和社会基础设施、组织能力、财政空间以及经济和劳动力市场结构。正如第1章所述，世界各地仍面临很高的不确定性。全球前景取决于多种因素，包括发达经济体的通胀预期和随之而来的利率加速上升，以及新兴经济体和发展中经济体融资环境的缩紧。平等获取疫苗对于确保在世界各区域实现以人为本的复苏至关重要（ILO，2021a，2021b）。

导致复苏之路不同的另一个关键因素是政策支持。不同国家（地区）大规模措施的持续性和财政资源的投入情况不同。尽管发达经济体已经开始复苏，并配套出台了货币政策和大规模财政计划，但发展中国家（地区）的财政空间要更为有限，其政府在控制赤字和压缩公共服务方面的压力不断攀升，这对不平等问题具有重大影响（UNCTAD，2021）。低收入和中等偏下收入国家（地区）与高收入国家（地区）之间出现了可观的"刺激差距"（ILO，2020a）[②]。这种巨大差距持续存在，因为在国际金融机构

---

① 各区域的国家和地区，详见附录A。

② 这一差距代表了达到高收入国家（地区）针对工时损失的刺激措施的平均水平所需的资源数量。据估计，低收入和中等偏下收入国家（地区）分别需要450亿美元［不足高收入国家（地区）宣布的财政刺激计划总价值的1%］和9370亿美元（ILO，2020a）。

和发展伙伴宣布的帮助低收入国家（地区）应对危机经济和社会后果的各项财政措施里，目前只有少部分获得批准并用于卫生和社会保障领域（ILO，2021b）。

全世界范围内体面工作不足，给许多区域的可持续复苏前景投下了阴影。 在危机的后续阶段以及复苏期间，宏观经济政策必须从发挥短期（维稳）作用转变为聚焦长期目标。财政政策的目标不应该局限于保护工作岗位、工资和收入（纾困解难），将就业恢复到疫情前的水平（刺激经济），还应该解决全球结构性挑战和体面工作不足等根本性问题。这意味着应当制定多种促进大规模创造体面工作机会的财政政策，并辅以产业政策、技能发展、积极的劳动力市场政策以及对社会保障的持续投资，而具体的政策要视各国（地区）的限制因素和优先事项而定。由于疫情与科技和其他"大趋势"（megatrends）相互作用，可能会进一步扩大各经济体之间和经济体内部的不平等，这一点变得更为关键（见第1章）。应加强社会对话，这对制定并落实有效和具有包容性的经济社会政策依然至关重要。要想逆转上述趋势，全球在疫苗获取、债务重组①和促进绿色转型等领域通力合作、采取多边行动比以往任何时候都更重要。如果无法实现这些要紧的政策改革，我们将再次错失使世界走上公平和可持续发展道路的机会。

▶ 2.1 非洲

在非洲体面工作严重不足的背景下，疫情给该区域带来沉重打击，逆转了非洲近几十年来在减贫方面取得的一些进展。疫情发生前，非洲劳动力市场的特点是非正式就业、在职贫困人口和未充分就业广泛存在，低生产率工作非常普遍。这些结构性特征，再加上政府能力有限、社会保障系统不健全和社会对话薄弱等体制局限，意味着很大比重的人口极易受到疫情危害。《世界就业和社会展望2021年趋势》介绍了在上述结构性问题与疫情危机相互作用下，非洲区域的工人和企业受到了怎样的影响（ILO，2021a）。

据估计，2020年该区域的GDP下降了1.9%，各次区域和国家（地区）组别差异明显，主要取决于各自的结构特点。2020年，依赖旅游业的国家（地区）受到的冲击最为严重，其次是资源密集型的经济体（依赖金属和矿产的经济体）和石油出口国；多元化程度较高、非资源密集型的经济体所受影响最小（AfDB，2021）。据估计，受疫情影响，2020年整个非洲的就业赤字达到了1500万②。此外，非洲还面临着劳动力利用不足加剧、收入下降和在职贫困人口数量增加等问题。

最新的国际劳工组织估算显示，2020年这一区域有将近500万工人及其家庭跌入在职极端贫困人口线以下，使得这一区域的极端贫困率增长了1.3个百分点（见专栏1.1）。鉴于在职贫困人口数量并未涵盖所有因失去工作而陷入贫困或接近贫困的个人，这些数据仅部分反映了疫情对贫困的影响。2020年在职极端贫困人口数量的净增长部分抵消了中等贫困、接近贫困和非贫困人口数量的净下降。这表明因疫情造成的收入损失已经将部分中等贫困和接近贫困人口推入更深的贫困。非洲开发银行估计，2020年受疫情直接影响而陷入贫困的非洲居民超过3040万人，2021年将再增加3870万人（AfDB，2021）。

2021年非洲的GDP有所恢复，据估计增

---

① 疫情暴发以来，债务水平大幅度上升，部分国家（地区）陷入债务困境。
② 赤字指的是实际就业水平与2020年就业人口比率与2019年持平时就业水平之间的差额。

加了4.9%。然而由于下半年受到新一轮疫情——德尔塔变种的侵袭，非洲只得再次采取地区封锁和防控措施，经济复苏因而受挫。在疫苗接种进展缓慢的背景下，新的新冠肺炎疫情，包括最近造成南非航班取消和颁布旅行禁令的奥密克戎变种，将进一步延长危机。其他中期经济前景的决定性因素包括非洲各国（地区）持续实施财政刺激措施（反之，高债务水平和流动性不足将导致融资环境紧张，并抑制投资）、旅游业复苏、汇款和商品价格，以及冲突和自然灾害的发生（AfDB，2021）。

即使非洲的经济好转，劳动力市场回到疫情前的基线水平，仍然无法弥补疫情造成的损害，其中包括国际劳工标准进展的倒退。特别是，疫情加剧了使用童工和强迫劳动的根本原因，即贫穷、社会边缘化、缺少普及的优质教育以及社会对话薄弱（ILO，2020b）[1]。正如下文专题介绍所述，相关政策必须应对非洲长期存在的结构性问题，尤其是处理好GDP增长和就业增长的脱节，否则该区域生活水平无法得到显著和持续的提升，未来应对危机的能力将无法加强。

2.1.1　北非劳动力市场趋势

北非的劳动力在很大程度上利用不足，尤其是青年劳动力，不同性别的劳动力市场结果差异显著。自2010年以来，该次区域的劳动参与率一直偏低且变化不大，性别差距有所减小，原因是男性的劳动参与小幅下降，女性的劳动参与小幅上升（ILO and ERF，2021a）。男性的劳动参与下降主要是青年造成的，相比入学率的增加，更有可能是由于他们从学校到职场的过渡时间延长，就业受挫（ILO and ERF，2021a）。女性的劳动参与上升主要是由于适龄劳动人口中受教育程度更高的群体增加了，在

北非女性中，她们的劳动参与率通常高于受教育程度更低的群体。

受疫情影响，2020年该次区域的工时大幅下降，就业岗位数量净减少了210万（见表2.1）。青年（15~24岁）仅占本区域就业人口的11%，却占了净失业人口的将近1/3（见附录C，表C7）。与在世界许多其他区域一样，新冠危机给北非的年轻人造成了三重冲击。除了工作岗位流失、收入减少和工作权利恶化的风险以外，疫情还扰乱了教育和培训（将造成长期影响），增加了青年人寻找工作、重新进入劳动力市场和获得更好工作的障碍。所有这些都令人担心"疤痕效应"对青年的困扰，及其对"封锁的一代"的长期影响（ILO，2021a，2020c）。尽管这些影响不是北非所独有的，但北非的青年失业率和劳动力利用不足率[2]是全世界最高的，上述影响对其造成的后果格外严重（ILO，2021a）。

在北非，疫情对女性造成的影响尚不明晰，因为女性在本次区域劳动力队伍中的占比较小，且表现出抵消效应；虽然一部分女性在失业后退出了劳动力队伍，但另外一些女性却为了弥补家庭收入损失而进入劳动力市场。2020年，女性仅占北非总就业人口的21%，却占了净失业人口的36%。这相当于女性就业率下降了6%，与此同时男性就业率下降了2.6%（见附录C，表C7）。女性净失业人口中有59%的人退出了劳动力市场，男性的这一数据为42%，这些人更容易转为失业人口。自危机暴发以来，在埃及、摩洛哥和突尼斯通过电话开展的快速劳动力调研均证实了疫情对不同性别的差异性影响（ILO and ERF，2021b，2021c，2021d，2021e）。尽管2020年2月至6月间，埃及失去工作的女性确实比男性更容易退出劳动力队伍，但2020年下半年及2021年全年，男性和女性的经济活动都增加

---

① 例如，贫困加剧，加上学校关闭和地区封锁期间劳动法难以实施，导致乌干达建筑业童工增加（Oprong，2021）。
② 总劳动力利用不足率指劳动力利用不足的综合衡量指标（LU4），是失业者、潜在劳动力（包括正在寻找工作，或者具备上岗条件但并不同时符合两项标准因而不被视作失业的人）及与时间有关的就业不足的个人的总和在扩展劳动力（劳动力和潜在劳动力的总和）中所占的份额。

了。在摩洛哥，就业的复苏很大程度上归功于更多女性进入工作岗位。2021年，突尼斯的劳动参与率显著上升，但工资收入却减少了，表明新增的部分就业属于"困境就业"（distress employment）——其他家庭成员为了弥补家庭收入损失而加入劳动力队伍（ILO and ERF，2021d）。在摩洛哥也呈现出类似的"新增工人效应"，2021年4月该国女性就业率超过了疫情前的水平（ILO and ERF，2021c）。

受就业部门、技能水平、就业状况、合同约定或工作安排等因素影响，疫情对不同工人的冲击也有所不同。埃及围绕劳动力的快速调查发现，低技能工人与食宿服务业工人的失业情况更加严重，2/3的非正式有偿带薪工人和自营职业者收入减少，而正式有偿带薪工人中仅有21%工资减少。受访工人中，2/3的非正式工人和1/3的正式工人担心会失去工作（ILO and ERF，2021b，2021e）。

未来几年，北非的劳动力市场恢复将滞后于经济复苏。2020年，北非的GDP下降了2.1%，但在2021年出现强劲反弹，据估增长了7.1%。根据估测，2021年北非的就业增长率已经恢复到2.7%，2022年将加快恢复，并于2023年再次放缓。2020年，北非的失业率上升至12.8%。随着许多之前退出劳动力市场人员的回归，失业率在2021年基本保持稳定，预计将于2022年开始下降，但直到2023年仍将高于疫情前11.1%的水平。与此同时，就业人口比率和劳动参与率预计仍将低于2019年的水平。

2.1.2 撒哈拉以南非洲劳动力市场趋势

2020年，撒哈拉以南非洲的实际GDP下降了1.8%，但各个次区域之间差距显著。南非受疫情冲击最为严重，2020年GDP下降了7.0%，随后是中非和西非，GDP分别下降了2.1%和0.7%。东非经济受影响最小，保持了0.6%的正增长。东非对商品依赖程度较低、经济多元化程度较高，因此具有良好的韧性（AfDB，2021）。

2020年，撒哈拉以南非洲的就业人口比率下降了2%，这在很大程度上未能充分反映危机对劳动力市场的冲击。疫情造成的工时损失相当于减少了1350万个全职工作，使4900万工人及其家庭陷入极端贫困（见表2.1和专栏1.1）。不同于其他大多数区域，2020年撒哈拉以南非洲的劳动力由于人口增加而继续增长（见下文专题介绍），尽管增长速度因疫情的出现放慢了许多。劳动力市场的新人转为失业人口或从事低生产率工作，失去工作的劳动力也转为失业人口或从事低生产率工作，或者退出劳动力队伍。这些作用相互抵消，导致该区域就业人数小幅下降（30万人），失业人口增加了280万人。女性在该区域占了净失业人口的最大比重，部分是因为她们在非正式工人中占比较大，而非正式工人受地区封锁、边境和工作场所关闭的影响最严重。该区域其他最脆弱的群体还包括移民工人和跨境贸易者，两者都受到边境关闭的强烈冲击。

撒哈拉以南非洲的复苏仍存在高度不确定性。由于疫苗普及程度有限，2021年6月，第三波疫情开始肆虐并持续到了年底，新的变异株增加了经济下滑的风险，尤其是在撒哈拉以南非洲。食品价格居高不下加剧了部分国家（地区）的饥饿问题。在某些地方（中非共和国、斯威士兰、埃塞俄比亚、莫桑比克、萨赫勒地区和南非），社会冲突再次爆发，给经济社会造成长期威胁（UNCTAD，2021）。据估计，2021年失业率增长至7.3%，原因在于就业增长速度不及劳动力增长速度，而劳动力增长主要由新进入和重返劳动力市场的人口来拉动。2022年和2023年，失业率预计将小幅下降，分别达7.2%和6.9%（见表2.1）。2023年就业人口比率预计将持续低于疫情前的水平，考虑到该区域疫情前的长期趋势，这一前景令人担忧，下文的专题介绍将对此进行讨论。

▶ 表2.1　2019~2023年非洲及其次区域工时、就业、失业和劳动力的估算值与预测值

区域/次区域	每周总工时与15~64岁人口的比率（%）					以全职等价工时表示的总工时（FTE=48小时/周）（百万小时）				
	2019年	2020年	2021年	2022年	2023年	2019年	2020年	2021年	2022年	2023年
非洲	23.9	22.1	22.7	23.3	23.7	364	346	365	386	403
北非	18.8	16.8	17.5	18.2	18.4	58	53	56	59	61
撒哈拉以南非洲	25.2	23.4	24.0	24.6	25.0	306	293	309	327	342
	就业人口比率（%）					就业人口（百万人）				
	2019年	2020年	2021年	2022年	2023年	2019年	2020年	2021年	2022年	2023年
非洲	58.4	56.5	56.7	57.3	57.8	454	451	466	484	502
北非	39.3	37.3	37.4	37.9	38.2	64	62	63	65	67
撒哈拉以南非洲	63.5	61.5	61.7	62.3	62.7	390	389	403	419	435
	失业率（%）					失业人口（百万人）				
	2019年	2020年	2021年	2022年	2023年	2019年	2020年	2021年	2022年	2023年
非洲	7.0	7.8	8.1	8.0	7.7	34.1	38.0	41.1	41.9	41.6
北非	11.1	12.8	12.9	12.6	12.1	8.0	9.1	9.4	9.4	9.3
撒哈拉以南非洲	6.3	6.9	7.3	7.2	6.9	26.1	28.9	31.7	32.6	32.3
	劳动参与率（%）					劳动力（百万人）				
	2019年	2020年	2021年	2022年	2023年	2019年	2020年	2021年	2022年	2023年
非洲	62.8	61.2	61.7	62.3	62.6	488	489	507	526	543
北非	44.2	42.8	43.0	43.4	43.5	72	71	73	75	76
撒哈拉以南非洲	67.7	66.1	66.6	67.1	67.4	416	418	435	451	467

资料来源：国际劳工组织劳工统计数据库（ILOSTAT），国际劳工组织模拟估算，2021年11月。

新冠危机突显了财政空间对各国（地区）的重要性。根据自身国情采取即便是最低限度的财政措施，不仅能够促进本国（地区）的经济复苏，也有利于巩固全球经济复苏所必需的财务稳定（UNCTAD，2021；ILO，2021a）。在撒哈拉以南非洲，尽管实施的财政刺激相对有限，政府债务在政府收入中的占比已经达到历史最高水平（364%），使20世纪90年代和21世纪初期通过多边债务减免倡议取得的所有进展化为乌有（UNCTAD，2021）。公共债务比率预计将维持在高位，加上国际收支制约因素，许多国家（地区）的财政空间进一步受到限制（UNCTAD，2021）。然而，虽然撒哈拉以南非洲需要可观的新增融资才能开启并支撑复苏进程，但激进的财政重整议程将危害长期增长，长远地影响医疗卫生和教育成果（Zeufack et al.，2021）。认识这些挑战及其对全球和区域稳定的影响促使各国采取措施在多边层面提高债务的可持续性，然而这些努力还很不够（UNCTAD，2021）。债务管理发挥着重要作用，但要想扩大财政空间，关键在于更好地调动国内资源，相关举措包括提高对于税收的监管、管理、征收和控制（尤其是在矿产租金方面），消灭一切形式的公共资源流失和非法资金流动（Isaacs，2021；AfDB，2021；UNCTAD）[①]。推动经济正式化，除了降低工人和企业的脆弱性，或许还能通过增加缴税基数扩大用于提供社会保障的财政空间（Ortiz et al.，2019）。在推动企业及其工人的正式化方面，非洲已有多个案例和最佳实践（如参见ILO，2018）。

---

① 据估计，每年有高达886亿美元（相当于非洲GDP的3.7%）流出非洲，这一数额超过了官方发展援助和外国直接投资的年度流入量——分别约为480亿美元和540亿美元（2013~2015年平均数）（UNCTAD，2020）。

2.1.3 非洲的不充分就业和低生产率工作扩张：体面工作不足以及GDP与劳动力市场的脱节

即使就业恢复到危机前的水平和趋势，非洲的就业增长（更别提体面工作增长）仍将非常有限并与经济增长脱节。最近几十年，该区域大部分的就业增长来自自给农业和自雇劳动，多为非正式就业形式，不充分就业率高和工作贫困率高即是证明。在正式私营部门中，创造体面工作和增加高生产率工作的速度仍然落后于人口增长，再加上社会保障覆盖的近于缺席，大多数适龄劳动人口无法承受无业处境（失业或者是退出劳动力队伍）。疫情暴发前的十年，就业增长和GDP增长之间的相关性明显弱于其与人口增长的相关性（见图2.1、图2.2）。

对该区域的许多国家（地区）而言，GDP增长与创造就业的相关性之所以弱，部分原因是这些国家（地区）严重依赖资源出口，受其他劳动密集型经济部门的影响有限。以自然资源租金在GDP所占百分比为替代值，我们发现

与前一时期相比，2010~2019年非洲整体及其大部分次区域的资源依赖程度更低，就业增长弹性更高（见图2.3）。近期，商品价格下降造成经济增长放缓，而就业增长并未相应下降。就业增长的主要动力仍然是适龄劳动人口增加，且大家普遍需要从事某种形式的经济活动。如果我们将有偿带薪工作作为体面工作的替代值（即使该替代值很不完美），其弹性更高且具有相同的模式，则资源依赖度低与有偿带薪就业的高弹性相关联。在南非次区域，有偿带薪就业在总就业中占了较大比重，两者的弹性差距较小。

即便是在南非和东非这些资源依赖程度较低的次区域，就业增长仍然主要依赖生产率较低的服务业。在南非和东非（以及2010~2019年就业增长弹性相对较高的中非），服务业的就业弹性远高于工业和农业（见图2.4）。此外，服务业的就业弹性非常高（超过1.0），表明劳动生产率下降，意味着许多新创造的就业大多属于低生产率工作。有限的产业转型（有时候在"过早去工业化"的背景下讨论）强化了非洲

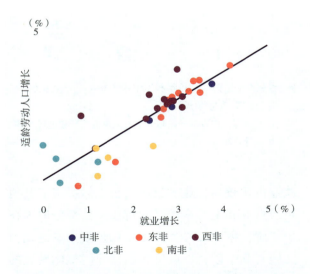

▶ **图2.1 2010~2019年非洲各次区域适龄劳动人口增长与就业增长的相关性**
注：增长率指参照期内的复合年均增长率。样本包括了具有至少两项非估算数据点（年度就业数据）的所有国家（地区）。
资料来源：国际劳工组织劳工统计数据库（ILOSTAT），国际劳工组织模拟估算，2021年11月；世界发展指标。

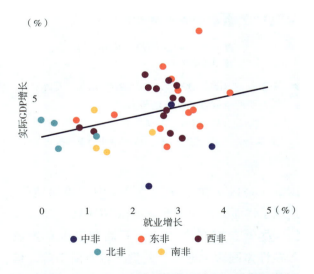

▶ **图2.2 2010~2019年非洲各次区域GDP增长与就业增长的相关性**
注：增长率指参照期内的复合年均增长率。样本包括了具有至少两项非估算数据点（年度就业数据）的所有国家（地区）。
资料来源：国际劳工组织劳工统计数据库（ILOSTAT），国际劳工组织模拟估算，2021年11月；世界发展指标。

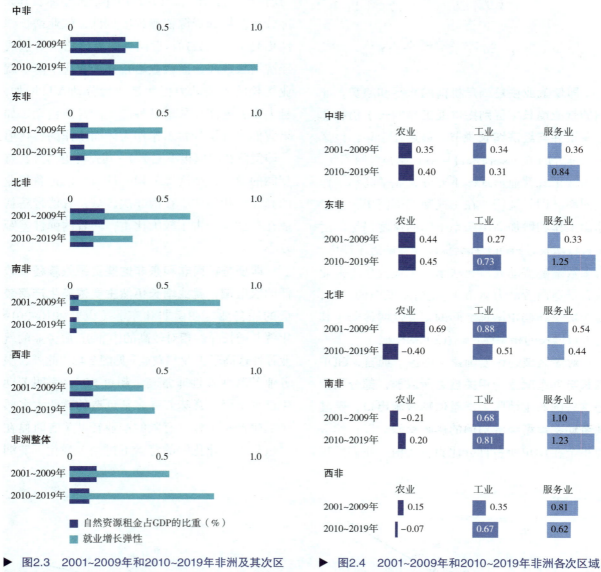

▶ 图2.3　2001~2009年和2010~2019年非洲及其次区域的资源依赖性和就业增长弹性
注：0.5份额的GDP等于50%。
资料来源：国际劳工组织模拟估算和世界发展指标。

▶ 图2.4　2001~2009年和2010~2019年非洲各次区域各行业的就业增长弹性
资料来源：作者基于国际劳工组织模拟估算和世界发展指标计算而得。

国家（地区）在全球劳动分工中的边缘地位，造成了体面工作的严重不足（UNCTAD，2021）。

尽管自2010年以来，石油和其他矿产收入在许多国家（地区）的重要性有所下降，但依赖这些产业和其他资源租金的后遗症继续影响着这些国家（地区）的经济（ILO and ERF，2021a）。特别是，它促进了各国建筑业、运输和仓储业、批发零售业、食宿服务业等非正式

就业占比较高行业的就业增长，但损害了其他贸易行业和生产率较高的行业。其部分原因在于"荷兰病"[①]，"食利国家（地区）"缺乏动力实施有利于创新、竞争和私营部门整体发展的政策。在生产效率更高的行业，如制造业、金融和保险业以及信息通信业，就业增长的基数通常较低，且远不足以改变这些国家（地区）的就业结构（ILO and ERF，2021a）。

——————
① "荷兰病"指大量外币流入（特别是在商品价格高企期间），导致对本币的需求增加和定价过高，从而削弱出口导向型产业竞争力的现象（UNCTAD，2017）。

非洲各国（地区），尤其是资源依赖型国家（地区），借助自然资源行业对其他经济领域的更大溢出效应，能够在体面工作和发展成果方面收获颇多。旨在加强开采业和其他行业关联的政策必须聚焦制造业和服务业中的高附加值产业。这需要借助一系列措施，包括发挥财政和金融激励作用，实施政策改善营商环境，以及加强技能发展和教育培训以满足当前和未来的技能需求。还需要采取有针对性的政策行动，减少采矿业跨国企业的避税行为。国际货币基金组织（IMF）的一项研究估算，跨国企业在采矿业的利润转移导致撒哈拉以南非洲各国政府每年损失4.5亿~7.3亿美元的公司税收（IMF，2021b）[1]。各国面临的另一项挑战是区域税收竞争，即各国纷纷降低税收以吸进外资。近期全球各国达成协定，自2023年起将向跨国公司征收15%的最低企业税率，在解决这一问题方面取得积极进展（IMF，2021b）[2]。

疫情加剧了非洲区域创造更多体面工作的紧迫性，并提示人们重新思考宏观经济政策和产业政策，使其与创造就业的目标保持一致。现在人们普遍认识到，在从农村欠发达状态转型为后工业社会的进程中，实施专项政策促进经济多元化和推动生产结构向新的增长来源转移发挥着关键作用（UNCTAD，2021）。然而近期研究表明，经济多元化本身并不足以创造体面工作，还需要提供针对性的投资和发展策略[3]。此外，由于农业仍是该区域重要的就业来源，提高农业的生产力和工作环境（包括消除童工）依旧至关重要。气候变化影响农业，食品价格不断上涨，这些都要求采取积极的政策促进农业可持续发展，同时确保工人和农民体面就业，其中包括采用新技术。缺乏（至少是可负担的）水资源和能源意味着需要调整粮食种类和种植方法。尽管非洲对气候危机所负的责任最少，但其承受的后果却最严重（Zeufack et al.，2021）。

▶ 2.2 美洲

疫情发生之前，拉丁美洲和加勒比地区与增长稳健的北美相比宏观经济状况就存在巨大差距，因此两个次区域在疫情面前的境况也不相同。2020年两个次区域的经济增长都大幅下降，同时伴随着严重的就业损失、失业人口增加和劳动力市场人员大量流出。在美洲各地，政府采取大规模干预措施保护就业和收入。在美国和加拿大，政府投入可观的预算救济失业工人。拉美和加勒比地区在向非正式工人提供大规模社会保障方面取得实质性进展（ILO，2021a）。

2021年两个次区域的复苏状况和复苏前景存在差异，原因在于两者的疫苗接种率不同，维持适应性货币政策的前景不同，以及在日益增长的通胀担忧和财政限制的背景下提供财政政策支持的力度不同。美国宣布于2021年下半年提供大规模的财政支持，用于增加基础设施投资和加强社会安全网（IMF，2021a）。与之相反，包括巴西、墨西哥在内的部分拉美经济体已经开始重建财政缓冲和推动货币政策正常化，用于抵御通胀压力（IMF，2021a）。

---

[1] 该研究估计，在由撒哈拉以南非洲15个资源密集型经济体构成的样本中，采矿业出口额平均占出口总值的50%，是外国直接投资的主要来源，但采矿业收入平均仅占GDP的约2%（IMF，2021b）。

[2] 见https：//www.oecd.org/tax/international-community-strikes-a-ground-breaking-tax-deal-for-the-digital-age.htm？utm_medium=email&utm_source=govdelivery。

[3] 例如，最近的一项研究发现，即使在南部非洲发展共同体（Southern African Development Community）较为多元化的经济体中，与由政府支出补充的投资支出相比，出口对就业增长的影响非常有限（IEJ，2020）。

2.2.1　北美劳动力市场趋势

疫情期间，北美的失业率增长远超2008年全球金融危机，也高于其他先进经济体。这部分是因为美国和加拿大的政策重点在于为下岗工人提供失业福利，而欧洲国家（地区）则推出就业保留计划，促使劳资双方在即使工时削减甚至为零的情况下继续维持雇佣关系（ILO，2021a；

ILO and OECD，2020）[①]。美国的失业人数在危机初期达到顶峰，超过2300万人（2020年4月），之后逐步下降（OECD，2021a）。2020年，北美平均新增失业人口790万人，另有260万人退出劳动力队伍（见表2.2）。这些影响共同作用，导致其2020年的失业率达8.2%，比疫情前高出1倍还多。

▶ 表2.2　2019~2023年美洲及其次区域工时、就业、失业和劳动力的估算值与预测值

区域/次区域	每周总工时与15~64岁人口的比率（%）					以全职等价工时表示的总工时（FTE=48小时/周）（百万小时）				
	2019年	2020年	2021年	2022年	2023年	2019年	2020年	2021年	2022年	2023年
美洲	26.5	22.9	25.2	26.2	26.4	372	324	359	374	380
拉丁美洲和加勒比地区	26.0	21.8	24.6	25.5	25.8	235	199	226	237	241
北美	27.5	25.0	26.4	27.3	27.7	137	125	132	137	139
	就业人口比率（%）					就业人口（百万人）				
	2019年	2020年	2021年	2022年	2023年	2019年	2020年	2021年	2022年	2023年
美洲	58.7	53.6	55.5	56.5	56.9	463	428	448	460	469
拉丁美洲和加勒比地区	57.8	52.0	54.2	55.3	55.8	283	258	272	281	287
北美	60.1	56.2	57.7	58.5	58.8	180	170	176	179	182
	失业率（%）					失业人口（百万人）				
	2019年	2020年	2021年	2022年	2023年	2019年	2020年	2021年	2022年	2023年
美洲	6.4	9.3	8.3	7.4	7.0	31.6	44.0	40.7	37.0	35.4
拉丁美洲和加勒比地区	7.9	10.1	10.0	9.3	8.8	24.3	28.8	30.1	28.8	27.6
北美	3.9	8.2	5.7	4.3	4.1	7.3	15.2	10.6	8.2	7.7
	劳动参与率（%）					劳动力（百万人）				
	2019年	2020年	2021年	2022年	2023年	2019年	2020年	2021年	2022年	2023年
美洲	62.7	59.1	60.6	61.0	61.2	495	471	489	497	504
拉丁美洲和加勒比地区	62.7	57.8	60.2	61.0	61.2	307	287	302	310	315
北美	62.6	61.2	61.2	61.1	61.3	187	185	186	187	189

资料来源：国际劳工组织劳工统计数据库（ILOSTAT），国际劳工组织模拟估算，2021年11月。

[①]　疫情期间，失业率的跨国或跨区域可比性可能会受到其他因素的影响，如不同国家（地区）和不同时期在定义或分类上的区别（例如，哪些属于短期工作，何种情况属于临时解雇），以及与疫情期间开展调查相关的抽样和其他技术问题上的差异（详见OECD，2021a，专栏1.1）。

疫情还重塑了北美劳动力市场的结构，对公司和工人产生长期影响。2020年，北美职业结构的构成发生了变化，原因是许多低工资工人所在的行业受到严重冲击，而其远程工作的可能性非常有限，导致他们的失业形势尤其严重。正如疫情对工人的影响具有差异性，疫情对企业的影响同样千差万别。美国的一项调查发现，由于需求下降和担忧员工健康，43%的小型企业在疫情发生后的几周内暂时关闭（Bartik et al.，2020）。对于较易改为远程生产的行业，反映就业人数下降的小型企业的比例较低。随着疫情的持续，转为永久关闭的企业数量持续增长，到2020年9月达到企业关闭总数的60%（Sundaram，2020）。

北美的经济于2021年回升，据估计GDP实际增长了5.9%，这要归功于快速的疫苗接种运动和大规模持续的财政应对措施。2020年，美国和加拿大实施的财政刺激计划分别相当于其自身GDP的25.5%和14.6%（IMF，2021a）。在加拿大，除了自身社会保障支出的影响，美国的快速增长也有望产生拉动效应，加快复苏进程。

尽管存在用工短缺和招聘困难现象，而且这一现象在某些行业更加突出，但北美的劳动力市场依旧疲软，具体表现为失业率高、劳动参与率低和部分人员希望获得更多工作（IMF，2021a）。2021年，北美就业人口比率较2020年有所增长，但仍低于疫情前水平，且预计这种情况将持续到2023年（见表2.2）。2021年，劳动参与率保持稳定，预计2023年将略微增长，但仍将低于2019年的水平。2021年，失业率大幅下降，预计2022年将进一步下降，但不太可能于2023年回到2019年的水平。

劳动力市场复苏滞后的原因很多，其中包括持续的健康危机影响了劳动力需求和劳动力供给。在劳动力需求方面，危机阻碍了全面重新开放经济，持续的不确定性使得公司不愿意招募员工。经济的重新开放缓慢且不平衡，消费者偏好发生改变，这些也都影响着劳动力需求趋势。在劳动力供给方面，担心病毒感染使许多人不敢返回劳动力市场。尤其是在接触病毒风险较高的行业和职业，如餐饮服务业，许多雇主发现以疫情前的工资水平难以招到工人，因为对病毒感染的担忧增加了保留工资（Wolf，2021）。也有观点认为，失业保险和转移支付等政策对弥补收入损失起到了重要的作用，但同时也可能推迟了部分低技能工人重返劳动力市场的脚步。然而，在美国有证据表明，增加失业救济对就业动机的抑制作用非常有限，仅仅将愿意接受工作机会的工人比例从25%降至21.4%（Petrosky-Nadeau and Valletta，2021）。早期证据表明，疫情或许促使部分工人改变职业或尝试其他事业[①]，即人们所说的"大辞职潮"现象（见第1章）。适应性货币政策还有利于维持股票市场估值，对养老金财富产生积极作用，这对老年工人退出（有可能是永久性退出）劳动力市场起到了鼓励作用，从而进一步减少了劳动力供给[②]。

预计唯一能于2023年回到疫情前水平的指标是每周工时与黄金年龄人口的比率（见表2.2）。这一指标的较快恢复表明，复苏期间更加依赖集约边际调整（就业人口的工时延长），这是在需求较强而劳动参与率恢复缓慢情况下做出的反应。

2.2.2　北美后疫情时代的变化：通货膨胀、工资和市场权力

本次疫情复苏的一个关键特点是，部分国家大规模的财政支持缓解了家庭收入损失，家庭储蓄增加。据估计，自2020年第一季度以来，美国的累积超额储蓄达到了预期储蓄的136.2%，加拿大达到了226.5%（IMF，2021a）。随着经济的复苏，私人支出（部分来自上述储蓄）有望增加，这将促进经济恢复，但也会增加短期通胀压

[①] 根据美国2021年1月的一项调查，2/3的成年失业者曾"认真考虑改变其职业或工作领域"，1/3已经采取行动学习新技能（Parker，Igielnik and Kochhar，2021）。

[②] 见https：//www.conference-board.org/topics/labor-markets-charts/labor-market-status-people-not-working。

力。货币政策（量化宽松和低利率）导致资产（尤其是住房和股价）快速上涨，也将增加上述压力。2021年上半年的增长主要由私人消费（尤其是耐用品消费）拉动，此外还有住宅投资和专业服务（UNCTAD，2021）。房地产价格上涨，储蓄的增加大部分来自现有资产的资本收益——这些现象意味着财政和货币措施可能加剧了不平等（UNCTAD，2021）。第1章介绍了适应性货币政策如何影响了利率和工资之间的关系，使其有利于资本积累和寻租，却损害了生产性投资和创造就业——更多地受益于股东和大型企业，而非中小型企业和工人。

截至目前，预计通胀压力只是短期的，体现了疫情后对总需求的支持以及暂时的供需错配。预计到2022年，大多数国家的通胀将回到疫情前的趋势（IMF，2021a）。如果通胀率长期增长，则企业和消费者的通胀预期会发生改变，并将造成工资压力，进而引起工资—价格螺旋形上升。特别是，劳动参与率恢复缓慢或许会加强工资议价能力，并导致通胀持续上升。如果出现这种情况，各国中央银行将陷入为难境地，不得不在高水平的公共债务中迅速收紧货币政策。各国需要发掘创新方案，如采用差别利率和借助宏观审慎工具收紧（私营部门的）信贷周期。各国中央银行清楚意识到了这些风险，并且已经开始减少购买主权债券[①]。

2020年，在美国观察到的实际工资加速增长主要归因于复合效应，因此提供的通胀压力信息非常有限。在经历了35年的停滞后，美国的实际工资在疫情之前已经开始高速增长（见图2.5）（UNCTAD，2021）。工资在疫情最严重时的加速增长是统计原因造成的，此时许多低工资工人失业，推高了平均工资。这种复合效应也会发挥反作用，在更多低收入工人重返劳动力队伍时减小工资压力。然而正如第1章所述，如果劳动力持续短缺，公司将丧失市场

权力，为工资上涨铺平道路。截至目前，加拿大和其他先进经济体的工资增长基本保持稳定（IMF，2021a）。

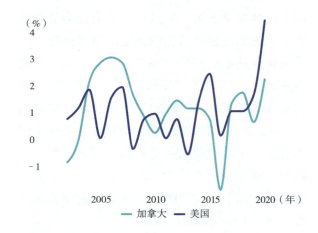

▶ 图2.5　2002~2020年加拿大和美国实际平均工资年增长率

注：平均工资以2020美元购买力平价衡量。

资料来源：经济合作与发展组织（OECD）：https：//stats.oecd.org/Index.aspx？DataSetCode=AV_AN_WAGE。

北美的通胀趋势有望回到疫情前水平，这在一定程度上归因于一些结构性因素的持续存在（即限制价格对于劳动力市场疲态的敏感度），而某些因素（如数字化和自动化）甚至因为疫情而得到了加强（IMF，2021a；UNCTAD，2021）。结构性因素及其相互作用能够抵消工资上涨的压力。在疫情复苏的背景下，这些因素中的其中一项就是劳动力市场效率下降——这在复苏初期非常常见：求职者以低技能工人为主，对高技能劳动力的需求无法满足。由于数字化转型加速（需要尚未普遍掌握的新的技能组合），封控措施解除不平衡，以及长期限制流动阻碍劳动力重新分配，劳动力的市场效率可能会进一步下降。另一个关键因素是劳动力丧失议价能力，原因在于工会密度逐步下降，各种新的就业形式兴起，市场集中度的提高催生了买方垄断的劳动力市场（ILO，2016；UNCTAD，2021）[②]。

---

① 例如，美联储于2021年6月宣布停止非常支持措施，加拿大银行在2021年4月和7月缩减了资产购买计划（APP）（IMF，2021a）。

② "买方垄断的劳动力市场"的特点是雇主能由于各种原因将工资设定在竞争水平以下，这些原因包括市场高度集中、劳动力流动障碍和搜寻摩擦（Bahn，2018）。

自20世纪70年代以来，美国和加拿大的劳动收入占比持续下降，反映了工人丧失市场权力的长期发展过程①。面对新冠肺炎疫情引发的经济衰退，2020年上半年，美国的劳动收入占比虽有所增加，但此后一直呈下行趋势（UNCTAD，2021）②。疫情前，美国的劳动收入占比处于历史较低水平，相反资本收入占比却较高，这意味着利润空间足够容纳实际工资增长而不会引发通胀（UNCTAD，2021，10）。然而，在这些总体数据背后隐藏着公司和工人之间的显著差异。疫情暴露出许多中小型企业财务的脆弱性，它们面临严峻的流动性约束和无力偿付问题（Bartik et al.，2020；OECD，2020a）。有迹象显示，工人之间的不平等正在加剧，体现在高技能工人和低技能工人之间的工资溢价日益增加。自2010年以来，美国的实际最低工资持续稳步下降（见图2.6）。尽管一些主要雇主已经开始提高工资，但2020年早期通过直接政策干预提高最低工资的势头似乎已经衰退（UNCTAD，2021）。

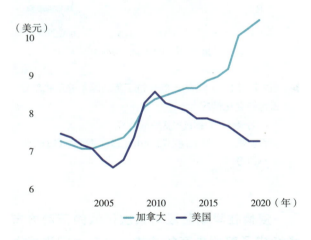

▶ 图2.6　2001~2020年加拿大和美国实际每小时最低工资

注：法定最低工资换算为每小时工资数。由此得出的估算值经国家消费者价格指数平减，然后转换为共同的货币单位（2020年美元购买力平价）。

资料来源：经济合作与发展组织（OECD）https://stats.oecd.org/Index.aspx？DataSetCode=RMW。

2.2.3　拉丁美洲和加勒比地区劳动力市场趋势

拉丁美洲和加勒比地区是2020年受疫情冲击最严重的次区域，体现为高感染率和高死亡率，GDP下降幅度最大（7.5%），工时减少量相当于损失了3600万个全职工作（见表2.2）。2020年，该次区域的净就业损失将近2500万，其中多达82%退出了劳动力队伍。这次危机影响了所有的经济部门，防控措施和流动限制阻碍了劳动力向非正式就业的重新分配，而这原本是该次区域劳动力市场调节的关键机制（ILO，2021a）。与以往危机不同，下岗工人和自营职业者并没有转为失业状态或从事非正式工作，而是离开了劳动力队伍。疫情对非正式工人的冲击尤其严重，其中一个表现就是部分国家（地区）的非正式就业率在2020年危机最严重时呈下降状态（见下文专题介绍）。疫情凸显了该次区域非正式就业、低水平家庭收入和就业不平等之间的密切联系（ILO，2021c）。

在该次区域，数百万中小微型企业关闭或消失，预示着就业复苏将滞后于经济增长的恢复，就业质量或许会恶化。在第八版的《新冠肺炎疫情和劳动世界》监测报告（ILO，2021d）中，26个国家（地区）的数据显示，相比于大公司，小公司的就业减少和工时下降更严重。除了中小微型企业和非正式工人，还有一些工人群体受到危机的严重影响，包括女性、青年、低资历劳动者和移民工人。尤其是青年和女性，相对于他们在就业人口中的占比而言，二者在失业人数中的占比完全不成比例（ILO，2021c）。

该次区域的经济于2021年反弹，GPD估计增长了6.0%，部分得益于对巴西有利的贸易条款，以及美国需求增长对墨西哥的溢出效应（IMF，2021a）。巴西的复苏预计能将其

---

① 基于圣路易斯联储的加拿大和美国数据系列（1960~2020年），"按当前价格计算的劳动薪酬在GDP中的占比"。

② 这与经济衰退初期劳动收入占比随着利润减少而上升，此后随着损失转移到工人身上而下降的趋势一致。

经济拉回至疫情前水平，这得益于商品出口的增加，也得益于采取了比墨西哥和阿根廷更具规模和针对性的财政措施。相比之下，墨西哥的经济衰退更加严重，而阿根廷由于疫情前大规模外部借贷导致财政紧缩、处境艰难（UNCTAD，2021）。智利、哥伦毕业、厄瓜多尔和秘鲁同样受到危机重创，但除了厄瓜多尔因为财政政策和货币政策受限于货币挂钩尚未复苏，其他国家（地区）估计2021年已经复苏（UNCTAD，2021）。2020年，多个依赖旅游业的加勒比经济体的GDP下降了两位数，其未来的经济复苏很大程度上取决于疫苗普及情况及国际旅游限制的解除。在拉丁美洲和加勒比地区的许多国家（地区），2021年货币贬值和商品价格上升加剧了通货膨胀（UNCTAD，2021）。

2021年，尽管这一次区域的经济增长得以恢复，但其就业增长仍然有限，而且主要靠非正式就业推动（见下文专题介绍）。许多在2020年退出劳动力市场的工人于2021年陆续回归，2021年失业率仍保持在10.0%的高位，但预计将于2022年和2023年有所下降（见表2.2）。就业和劳动参与预计将维持在较低水平，而整个2023年的失业率都将高于疫情前水平。

2.2.4 疫情后拉丁美洲和加勒比地区"去正式化"和"非正式化"的动力与风险

疫情中断了许多拉丁美洲和加勒比地区国家（地区）向正式就业转变的进程。20世纪最初十年的大部分时间里，这一次区域内许多国家（地区）的非正式就业率都在下降。这种下降趋势由多项因素驱动，其中包括在经济增长背景下对劳动力的强烈需求、稳定的宏观经济背景，而促进就业正式化的具体政策也为此提供了助力（ILO，2021c）。然而，从2015年到疫情暴发，该次区域从非正式就业向正式就业转变的进程要么倒退（阿根廷、巴

西、厄瓜多尔和巴拿马），要么停滞（乌拉圭），要么放缓（哥伦比亚、墨西哥）。只有少数国家（如巴拉圭、秘鲁）维持了这一进程（见图2.7）。

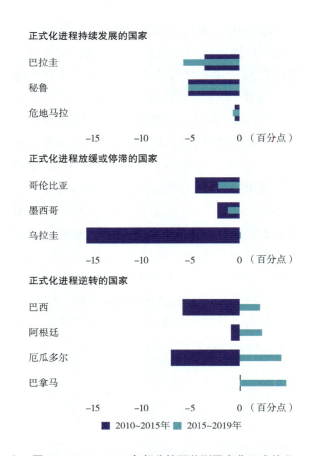

▶ **图2.7 2010~2019年部分拉丁美洲国家非正式就业占比的变化情况**
注：阿根廷的数据仅包括城市地区。
资料来源：作者基于国际劳工组织劳工统计数据库（ILOSTAT）计算而得。

疫情在早期阶段对该次区域的劳动力市场造成了前所未有的冲击，这在一定程度上归因于非正式就业无法吸纳丧失正式就业岗位的工人，难以发挥其传统的逆周期作用。疫情发生后，大多数国家（地区）的非正式就业都受到严重影响，主要有以下几个原因：受疫情影响严重的行业中非正式就业非常普遍，由于地区封锁和防控措施，这些行业的非正式工人无法从事工作活动，远程工作的可能性非常有限；终止非正式就业的雇佣关

系相对容易（ILO，2021c）；此外，非正式工人经常受雇于规模较小的企业，这些企业在无法开展经济活动期间不仅要苦苦支撑，而且难以获得包括工人保留计划等支持措施的机会。

然而，在度过这一关键时期后，随着防控措施逐步放松，经济重新开放，非正式就业迎来了最强劲的反弹。2020年中期以来，非正式岗位占了拉美许多国家（地区）新增就业的70%以上，如阿根廷、墨西哥和秘鲁，在智利和哥斯达黎加占到了一半以上（见图2.8）。

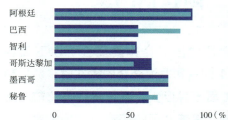

▶ 图2.8 非正式工作在（2020年第一、第二季度）消失就业中的占比和在（2020年第二季度至2021年第二季度）新增就业中的占比

注：阿根廷和秘鲁的新增就业数据覆盖的是从2020年第二季度至2021年第一季度期间。阿根廷的数据仅指城市地区。

资料来源：作者基于国际劳工组织劳工统计数据库（ILOSTAT）短期劳动力数据计算而得。

复苏早期，两个因素推动着非正式就业强劲反弹：一是从劳动力队伍外部转入非正式就业；二是正式就业转为非正式就业。第一个因素在意料之中，因为许多非正式就业之所以消失是因为非正式的自营职业者暂时退出劳动力市场，他们在疫情防控措施允许时将立即返回。此外还存在"新增工人效应"，即当原先不从事经济活动的家庭成员进入劳动力市场以弥补家庭收入损失时，较大可能会从事非正式工作，特别是在正式就业机会较少的情况下。第二个因素涉及劳动力的重新分配，如中小型企业的永久关闭意味着部分下岗员工将至少暂时性地转入非正式自雇劳动，此时非正式就业重新发挥其逆周期作用。持续的不确定性可能会影响公司的决策，使其推迟投资和招聘员工（尤其是正式员工），这也使对非正式岗位的需求增加，而代价则是减少了正式岗位。从20世纪20年代中期开始，从正式就业中流出的劳动力就呈下降趋势，而从正式就业流入非正式就业的劳动力则保持稳定或有所增加，表明正式就业的非正式化是该次区域一个重要的潜在

风险，特别是如果将以往危机的经验考虑在内的话（ILO，2021c）。

接近2021年底，拉丁美洲和加勒比地区的就业仍未完全复苏，大多数国家（地区）的正式和非正式就业均低于疫情前的水平[①]。当前政策的重点应当是创造足够规模的正式就业岗位，这样不仅能吸收回升的劳动力，还能抵御非正式化的风险。针对中小微型企业的扶持政策也是如此，这样才能确保这些企业能达到创造体面工作所需的最低效率水平和盈利能力。这同样适用于鼓励"电子正式化"（e-formalization）和促进企业（包括众多数字企业）向正式就业过渡的政策（ILO，2021c）。还有一点也非常重要，那就是将全面的就业政策纳入整体经济复苏策略的一部分。最后，尽管该次区域的各国（地区）为弥补社会保障差距付出了巨大努力，并将原本未被覆盖的工人暂时纳入保障范围，但仍存在一项关键挑战，那就是如何引导建立健全的、可持续的社会保障体系，包括更长久的收入保障和社会保障底限。

---

① 基于国际劳工组织劳工统计数据库（ILOSTAT）的季度劳动力统计数据。

▶ **2.3　阿拉伯国家**

海湾阿拉伯国家合作委员会（以下简称"海合会"）国家和非海合会国家在财富数量和经济结构方面差异巨大，甚至早在疫情前，阿拉伯国家就面临着共同的劳动力市场挑战。这些挑战包括劳动参与率低、就业人口比率低、失业率高和劳动力利用率低，相关问题在受教育群体中尤其明显。青年和女性在就业市场尤其处于不利地位。该区域体面工作长期不足，部分原因在于结构转型不充分和私营部门的正式就业机会短缺，以下将对此进行介绍。

2.3.1　劳动力市场趋势

随着石油价格下跌和需求下降，疫情对阿拉伯国家造成巨大冲击，2020年其GDP下降

了6.0%。2020年，海合会国家就业人口比率下降了1.2%，大部分下岗工人转为失业人口（见表2.3）。疫情引起大规模失业，特别是在移民工人占比较大的建筑业和服务业（食宿服务业、批发和零售业以及其他服务业，包括家政服务和其他个人服务）。然而，部分新增的失业人口其实是刚刚进入劳动力市场的女性，她们由于疫情无法就业。2020年，海合会国家女性的劳动参与率增长了2.3%（见附录C，表C12）。这主要归功于近期的经济改革，如"沙特化"（Saudization）政策使得沙特阿拉伯女性的劳动参与率在短短4年的时间里翻了1倍，达33%。年轻国民开始在零售、酒店、餐厅等私营部门就业，接手原本由外来移民从事的工作（England，2021）。

▶ 表2.3　2019~2023年阿拉伯国家及该区域按国家组别划分的工时、就业、失业和劳动力的估算值与预测值

区域/次区域	每周总工时与15~64岁人口的比率（%）					以全职等价工时表示的总工时（FTE=48小时/周）（百万小时）				
	2019年	2020年	2021年	2022年	2023年	2019年	2020年	2021年	2022年	2023年
阿拉伯国家	22.1	19.9	20.5	21.2	21.5	49.8	45.9	48.3	51.1	53.0
海合会国家	30.5	27.5	28.5	29.6	30.0	27.6	25.3	26.5	27.9	28.7
非海合会国家	16.5	14.9	15.3	15.8	16.1	22.2	20.7	21.7	23.1	24.3
	就业人口比率（%）					就业人口（百万人）				
	2019年	2020年	2021年	2022年	2023年	2019年	2020年	2021年	2022年	2023年
阿拉伯国家	47.1	45.7	45.7	46.4	46.8	53.5	53.2	54.5	56.6	58.6
海合会国家	64.3	63.1	63.1	64.1	64.9	28.9	28.9	29.4	30.4	31.2
非海合会国家	35.8	34.4	34.5	35.1	35.6	24.6	24.3	25.1	26.3	27.4
	失业率（%）					失业人口（百万人）				
	2019年	2020年	2021年	2022年	2023年	2019年	2020年	2021年	2022年	2023年
阿拉伯国家	8.2	9.5	9.6	9.2	8.7	4.8	5.6	5.8	5.7	5.6
海合会国家	3.7	5.2	5.2	4.8	4.5	1.1	1.6	1.6	1.5	1.5
非海合会国家	13.0	14.2	14.3	13.8	13.1	3.7	4.0	4.2	4.2	4.2
	劳动参与率（%）					劳动力（百万人）				
	2019年	2020年	2021年	2022年	2023年	2019年	2020年	2021年	2022年	2023年
阿拉伯国家	51.3	50.5	50.6	51.0	51.3	58.3	58.8	60.3	62.3	64.2
海合会国家	66.8	66.5	66.6	67.3	67.9	30.1	30.5	31.0	31.9	32.6
非海合会国家	41.1	40.1	40.3	40.7	41.0	28.3	28.3	29.3	30.5	31.6

资料来源：国际劳工组织劳工统计数据库（ILOSTAT），国际劳工组织模拟估算，2021年11月。

在非海合会国家，原本就存在非正式就业普遍、在职贫困人口众多、社会保障有限等问题，**本次疫情对收入减少、生活环境恶化方面的影响最为明显**（ILO，2021a）。由于疫情，2020年非海合会国家的在职极端贫困率增加了2.8个百分点，中等贫困率增加了0.7个百分点。这相当于超过64万工人陷入极端贫困线以下，另有将近12.5万工人陷入中等贫困线以下。需要注意的是，在职贫困人口数据并不能充分反映此次危机对贫困问题的影响，因为大量的失业者原本就是低工资工人（见专栏1.1）。

除了疫情对自身经济的冲击，非海合会国家还受到海合会国家经济收缩溢出效应的影响。这种影响主要体现在汇款减少上，而汇款是许多国家GDP的重要组成部分，在维持收入和生计以及减轻贫困方面发挥着重要作用（ILO，2021a）。移民工人以及难民和流离失所者构成了该区域人口的重要组成部分，尤其是在约旦、黎巴嫩、也门等国家，这些群体最容易受到危机的冲击（ILO，2021a，2020d，2020e）。

新冠肺炎疫情还加剧了阿拉伯国家（尤其是非海合会国家）其他的固有危机，包括旷日持久的冲突、战争和流离失所，以及经济和金融的不稳定。非海合会国家的基础设施薄弱，组织框架无力，财政空间有限，这些严重削弱了它们应对危机的能力。据估计，疫情应对措施大大增加了阿拉伯国家的财政赤字，而与此同时财政收入又大幅下降，各国很可能将通过借贷填平赤字（ILO，2020f）。这意味着在许多债务与GDP比值已经不可持续的国家，债务负担将变得更加沉重。除了强调在整个区域扩大社会保障覆盖面以外，疫情还突显了推进结构性改革和经济多元化的紧迫性，这样才能增强这一区域及其居民未来应对危机的能力（见下文专题介绍）。本次疫情还突显了投资信息基础设施、增加照护经济投入的必要性。

据估计，2021年阿拉伯国家经济复苏疲软且不平衡，GDP增长率仅为2.2%，由于商品价格强力上升的拉动，海合会国家的劳动力市场恢复速度快于非海合会国家。海合会国家的劳动参与率预计将于2022年超过疫情前水平，但直到2023年，非海合会国家的劳动参与率仍将低于2019年的水平。由于非海合会国家女性在参与劳动力市场方面困难重重，这些国家的劳动参与率本就特别低。同样，未来几年海合会国家和非海合会国家的就业人口比率都将逐步增加。2023年，前者的就业人口比率将超过疫情前水平，但后者则不然。

2.3.2　资源依赖性和劳动力市场：食利者经济、有限的结构转型和私营部门发展

阿拉伯国家体面工作长期不足，表现之一就是经济增长、就业和贫困之间的关系薄弱（ILO，2020f）。即使是在经济高速增长、冲突和不稳定水平较低的时期，该区域也无法在私营部门中创造体面和生产率高的正式就业岗位。相反，创造就业的要么是公共部门，要么是非正式的私营部门；前者的就业已经过度饱和，而后者往往缺乏体面的工作条件，包括体面的工资。随着该区域的受教育青年越来越多，私营部门无法创造正式就业与这些青年的就业愿景形成了鲜明反差。

研究该区域国家创造体面工作的结构性障碍的文献指出了以下几个因素：（1）政治经济学和食利者经济的变化；（2）监管框架不健全和非正式性普遍存在，特别是在非海合会国家中；（3）资本和劳动力不平衡——不仅是在采掘业和依赖石油的国家（地区），而且是在大部分产业和经济体中；（4）非正式私营企业的全要素生产率低，就业弹性低，两者都与生产基础设施薄弱和治理能力低下有关；（5）劳动力市场结果方面存在严重的性别不平等（ILO，2020f；ILO and ESCWA，2021；EBRD, EIB and World Bank，2016）。

海合会国家对石油租金的依赖使公共部门在创造就业机会，特别是在为国民创造就业机

会方面承担了过重的责任。在部分非海合会国家和地区，公共部门的就业份额也相对较高，在约旦和巴勒斯坦被占领土，将近1/4的工人就职于公共部门（见图2.9）。图2.9中所示的公共部门就业占比，就业人口指的是包括国民和非国民在内的全部就业人口。事实上，在海合会国家，国民在公共部门就业的比重要高得多，因为公共部门通常被视为首选雇主和最终雇主（ILO，2021a；Carvalho，Youssef and Dunais，2018）。除了其规模和就业比重，该区域公共部门最令人关切的问题是它无法实施有利于结构性改革和私营部门发展的政策（ILO and ESCWA，2021）。

除了公共部门的排挤，阿拉伯国家私营部门中正式就业的增长前景尚不明朗，这是由多重原因造成的。监管框架薄弱、国家政策执行和监督能力有限以及政治不稳定，这些都是限制投资、降低全要素生产率的影响因素。近期的一项研究（ILO and ESCWA，2021）发现，与同收入类别的其他国家相比，阿拉伯国家公司的平均就业弹性和全要素生产率更低，中小型企业的全要素生产率往往格外低。该研究还发现，在正式的私营公司中，与资本相比，工资在产出中的占比较低，制造业中工资占比尤其低[①]。部分原因在于，这些经济体的劳动力市场具有二元性特征，移民工人在许多行业的就业中处于主导地位，他们的保留工资水平通常低于本国同行。此外，海合会国家能源价格补贴等具体政策更有利于资本密集型生产。

总体来看，资本回报和劳动回报之间的不平衡正在加剧收入不平等，因为资本所有权高度集中在最富裕的人手里。2010~2017年，阿拉伯国家的劳动收入占比比全球平均水平低了20个百分点；2015年该区域劳动收入占比显著增加，原因可能是石油价格冲击及其引发的石油租金减少（见图2.10）。石油依赖度与劳动收入占比呈负相关关系（阿曼除外），不依赖石油的非海合会国家的劳动收入占比更高一些，但仍低于全球平均水平（见图2.9）。

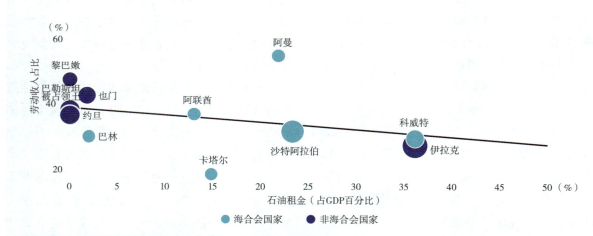

▶ 图2.9　阿拉伯国家石油依赖度、劳动收入占比和公共部门就业占比
注：每个圆圈的大小表示公共部门的就业占比，从卡塔尔的9.3%到伊拉克的38.3%不等。所有国家的劳动收入
　　占比和石油租金（占GDP的百分比）的参考年份是2017年；所有国家公共部门就业占比的参考年份都是2019
　　年，除了巴林和伊拉克（2012年）、也门（2014年）、科威特（2016年）以及阿曼和沙特阿拉伯（2018年）。
　　资料来源：国际劳工组织劳工统计数据库（ILOSTAT）和《世界发展指标》。

---

① 相比之下，在亚洲和拉丁美洲收入水平相似的其他国家（地区），制造业的工资占比高于平均水平。

在非海合会国家，依赖汇款引起的劳动力市场变化与海合会国家石油租金对劳动力市场的影响相似。虽然汇款对维持收入、维持生计和减轻贫困起着重要作用，但汇款对劳动力市场也造成了意想不到的影响。汇款既能通过影响工作动机、劳动参与率、保留工资和职业选择左右劳动力供给，也能通过以牺牲贸易行业为代价来促进非贸易行业就业的方式影响劳动力需求（Chami et al.，2018）。汇款对劳动力市场的影响非常复杂，在经济脆弱的国家更是如此。在这些国家，汇款是很多人的生命线，但与此同时也助长了这些国家一些特有薄弱机制的长期存在（例如，见 Abdih et al.，2012）。

在阿拉伯国家，劳动力市场上巨大的性别不平等与私营部门有限的就业增长也不无关联。图2.11显示，从有可用数据的国家来看，这些国家的女性就业比例极低，介于也门的7%至黎巴嫩的30%之间。这种性别差距通常是因为女性较少在私营部门中就业。在该区域的许多国家，女性在公共部门就业中的占比远超过男性（见图2.12）。尽管取得了一些进展（如上文所述沙特阿拉伯的例子），这一区域的女性在参与劳动方面仍然面临着严重的结构性障碍，这些障碍的根源在于社会契约以及某些不具有包容性的治理实践和政策规定（ILO and ESCWA，2021；ILO and UNDP，2012）。

疫情之后，随着科技快速发展并继续改变劳动世界，阿拉伯国家迫切需要消除制约创造体面工作的结构性障碍。国际劳工组织和联合国西亚经济社会委员会（ESCWA）（2021）的一些研究发现值得再次强调：在阿拉伯国家，科技似乎正在代替劳动力并起到补充资本的作用，这意味着需要通过政策干预（如技能发展、重新分配政策）防止不平等进一步扩大；以目前的状况来看，制造业缺乏充足资本注入全要素生产率的决定性要素，因此或许不能最大限度地吸收受教育程度日益提高的劳动力；对于劳动力市场结果中的性别差距问题，有必要针对一些结构性决定因素出台专门的应对政策（如改革劳动法推动女性的劳动参与，通过提高儿童照护和家长福利促进家庭责任的平等分配）。对该区域而言，开展结构性改革和促进经济多元化比以往任何时候都更加重要，即（借助就业优先的宏观经济政策以及结构性政策和产业政策）推动经济向生产效率更高和劳动更加密集的产业转移，同样迫切的还有建立健全劳动力市场机构和社会保障体系。

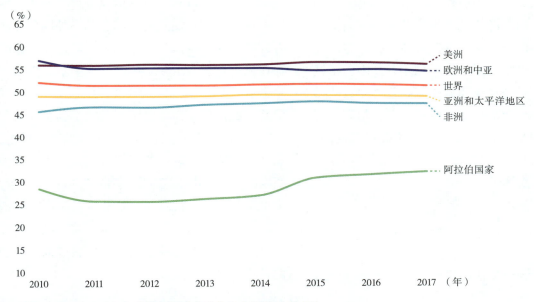

▶ **图2.10　2010~2017年世界各区域劳动收入在GDP中的占比**

资料来源：国际劳工组织劳工统计数据库（ILOSTAT），国际劳工组织模拟估算，2019年7月。

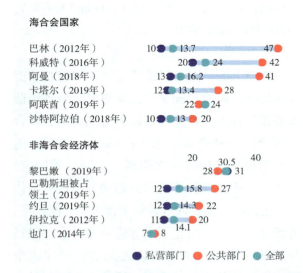

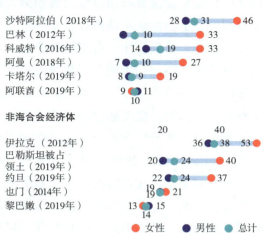

▶ 图2.11　最近可用年份中阿拉伯国家按部门划分的
女性就业占比

注：图中未体现2020年劳动力调查中关于沙特阿拉伯的
数据。

资料来源：国际劳工组织劳工统计数据库（ILOSTAT）。

▶ 图2.12　最近可用年份中阿拉伯国家公共部门中不同
性别的就业占比

注：图中未体现2020年劳动力调查中关于沙特阿拉伯的
数据。

资料来源：国际劳工组织劳工统计数据库（ILOSTAT）。

▶ 2.4　亚洲和太平洋地区

在过去的十年里，亚洲和太平洋地区（亚太地区）是全球结构性变化发展最快的区域。在贸易增长和融入全球及区域价值链的推动下，加上技术变革的助力，该区域部分国家（地区）的GDP增速位居世界前列（ILO，2021a）。劳动力收入占比的下降体现了生产结构正在向资本密集型产业转移（ILO，2021a，2020g）。这一过程伴随着各个维度不平等的加剧，其中包括城乡差距扩大，高技能和低技能职业之间技能溢价增加（ILO，2020h）。疫情暴发前，尽管该区域经济快速增长，劳动参与率和就业率较高，劳动力利用水平较高，但在职贫困人口和非正式就业仍然普遍存在。

2.4.1　劳动力市场趋势

在新冠肺炎疫情的不同阶段，不同次区域

遭受的冲击差别显著。2020年，东亚最早受到冲击，但后来基本控制住了疫情。南亚和东南亚分别在2021年第二和第三季度受到德尔塔病毒疫情的重创。由于防控措施的严格程度不同，产出、出口和就业的构成各异，各国（地区）劳动力市场受到的影响也各不相同。与所有区域一样，疫情对亚太地区不同行业的影响存在显著差异。尽管全球供给链中断和需求下降影响了制造业，2020年和2021年亚洲在全球贸易中的比重反而上升了，巩固了其主导地位（UNCTAD，2021）[①]。然而，由于疫情的冲击，该区域制造业在总就业中的占比了经历了最大幅度的下降。由于流动限制和国际旅游业下滑，食宿服务业以及批发和零售业也受到严重打击（ILO，2021a）。以下的专题介绍将详细讨论疫情对这两个行业的冲击以及对该区域未来劳动世界的影响。

---

① 大量文献论述了疫情对全球供应链和亚洲制造业的冲击和影响（例如，参见ILO，2020j，2020k，2020l，2021a，2021f）。

在整个亚太地区，2020年减少的工时总数相当于损失了1.3亿个全职工作岗位（见表2.4）。2020年净就业损失达到将近5800万，有3900万工人退出劳动力队伍。预计该区域的劳动力市场复苏将非常缓慢：直到2023年全年，所有次区域的劳动参与率和就业人口比率仍将低于危机前的水平（见表2.4）。

据估计，2020年疫情导致亚太地区超过200万人跌入极端贫困线以下，另有160万人落入中等贫困线以下，近几十年来取得的部分减贫进展因此出现倒退。然而，在职贫困人口数据并不能充分显示此次危机对贫困问题的影响，因为这些数据并未将因疫情而失去工作的低收入者统计在内（见专栏1.1）。

▶ 表2.4　2019~2023年亚洲和太平洋地区及其次区域工时、就业、失业和劳动力的估算值与预测值

区域/次区域	每周总工时与15~64岁人口的比率（%）					以全职等价工时表示的总工时（FTE=48小时/周）（百万小时）				
	2019年	2020年	2021年	2022年	2023年	2019年	2020年	2021年	2022年	2023年
亚洲和太平洋地区	29.2	26.8	28.0	28.6	28.8	1771	1638	1723	1774	1797
东亚	33.8	32.5	33.9	34.0	33.9	825	790	821	823	821
东南亚	29.7	27.3	27.5	28.6	29.3	277	257	262	275	284
太平洋岛屿	25.2	24.3	24.7	24.8	25.1	14	14	14	14	14
南亚	24.8	21.5	23.0	24.0	24.3	655	577	626	662	678

	就业人口比率（%）					就业人口（百万人）				
	2019年	2020年	2021年	2022年	2023年	2019年	2020年	2021年	2022年	2023年
亚洲和太平洋地区	57.7	55.3	55.8	56.1	56.1	1901	1843	1878	1909	1930
东亚	65.5	64.4	64.3	64.2	64.1	906	895	898	901	902
东南亚	65.7	63.9	63.9	64.1	64.6	324	320	324	329	336
太平洋岛屿	60.2	58.8	59.8	59.5	59.4	19	19	20	20	20
南亚	47.0	43.3	44.5	45.4	45.5	651	609	636	660	672

	失业率（%）					失业人口（百万人）				
	2019年	2020年	2021年	2022年	2023年	2019年	2020年	2021年	2022年	2023年
亚洲和太平洋地区	4.3	5.4	4.8	4.6	4.5	85.8	104.7	95.2	92.6	91.0
东亚	4.3	4.8	4.6	4.5	4.3	40.6	44.7	43.1	42.0	41.0
东南亚	2.5	3.0	3.1	3.1	2.8	8.2	9.9	10.5	10.4	9.7
太平洋岛屿	4.7	5.6	4.7	4.6	4.5	0.9	1.1	1.0	0.9	0.9
南亚	5.2	7.4	6.0	5.6	5.5	36.0	48.9	40.7	39.3	39.4

	劳动参与率（%）					劳动力（百万人）				
	2019年	2020年	2021年	2022年	2023年	2019年	2020年	2021年	2022年	2023年
亚洲和太平洋地区	60.3	58.5	58.6	58.8	58.8	1987	1948	1973	2002	2021
东亚	68.4	67.6	67.4	67.2	67.0	947	940	942	943	943
东南亚	67.4	65.9	66.0	66.1	66.4	333	330	334	340	345
太平洋岛屿	63.1	62.3	62.7	62.3	62.2	20	20	21	21	21
南亚	49.6	46.7	47.3	48.1	48.2	687	658	677	699	712

资料来源：国际劳工组织劳工统计数据库（ILOSTAT），国际劳工组织模拟估算，2021年11月。

该区域受疫情冲击最严重的群体是正式工人和移民工人，其中正式工人在一些受疫情冲击最严重的行业中占了很大比例（ILO，2021a）。政府出台的部分举措有助于缓解劳动收入的严重损失和在职贫困人口的增加，特别是扩大社会救助范围，覆盖更大比例的人口，部分情况下甚至覆盖了此前被排除在外的群体（ILO，2021b，2020i）。

各次区域中，2020年东亚体现了最强的韧性，2021年其反弹最为强劲。中国的公共投资和财政支持不仅推动了自身的经济增长，还对整个地区产生了波纹效应（UNCTAD，2021）。在亚洲的各次区域，东亚的女性受疫情冲击最为严重，因为2020年东亚女性占了净失业人口的62%（见附录C，表C13）。青年受到的影响也尤其严重，尽管他们仅占劳动力总量的9%，却占了净失业人口的将近一半（48%）。预计该次区域的劳动力市场恢复将滞后于经济复苏，2021年其就业人口比率和劳动参与率仅小幅增长。

2021年新的病毒变种和新的疫情带来沉重打击，加上部分国家（地区）疫苗普及及缓慢，导致该区域（尤其是南亚和东南亚）的增长预期下调（IMF，2021a）。2020年，南亚占了该区域工时减少量的将近60%，占了净就业损失的73%，原因是其薄弱的公共卫生医疗和高度的非正式性加重了危机的人力成本。2020年，该次区域的就业人口比率下降了3.8个百分点（见表2.4）。2020年，南亚还占了本区域新增在职贫困人口的56%。2021年，该次区域的复苏并不全面；就业和劳动参与率仍然远低于危机前的水平。2021年，东南亚地区经济复苏遭遇重挫，是亚洲唯一一个在疫情暴发的第二年失业率仍在上涨的次区域（见表2.4）。预计直到2023年，东南亚的失业率将继续高于危机前的水平，而就业人口比率和劳动参与率将继续低于危机前的水平。

2020年，旅游业的中断严重影响了太平洋次区域，2021年该产业仅部分恢复。2020年，太平洋次区域的就业人口比率下降了1.4个百分点；大部分失去工作的人口转为失业状态，而不是退出劳动力市场。年轻工人在危机中遭受的影响格外严重，占了2020年净失业人口的将近2/3（见附录C，表C16），这主要是因为他们在受到危机严重冲击的行业中占比过高。据估计，2021年该区域的失业率已经回到疫情前的水平。然而预计直到2023年，其就业人口比率和劳动参与率仍将低于疫情前的水平。

2.4.2　亚洲和太平洋地区的旅游业与批发和零售业：新冠肺炎疫情的冲击和影响

亚太地区在疫情暴发的十年前开启了结构转型，与世界其他区域不同，这一进程仍在持续，并促使劳动力市场快速转变。在所有次区域，很大一部分工人离开了农业（见图2.13）。在东亚，从农业转移出来的工人主要转入了服务业，其次是建筑业。东亚的制造业就业人口在2010~2019年下降了，这是因为部分劳动密集型制造业（如服装制造业），转移到了东南亚和南亚（van Klaveren and Tijdens，2018）。然而，即便是在东南亚和南亚，这一时期服务业劳动者占新增就业的比例仍高于60%。

疫情发生前的10年里，整个亚太地区超过80%的新增就业都是服务业创造的[①]。尽管这一时期雇用中等技能和高技能工人的高生产率服务业显著增长，大部分失业的低技能农业劳动力进入了低生产率的服务业，包括批发和零售业、食宿服务业、交通和储存业，以及"其他服务活动"（主要是个人服务）。这一时期，批发和零售业占新增就业的比重最大，达到整

---

①　作者基于国际劳工组织劳工统计数据库（ILOSTAT）计算而得。

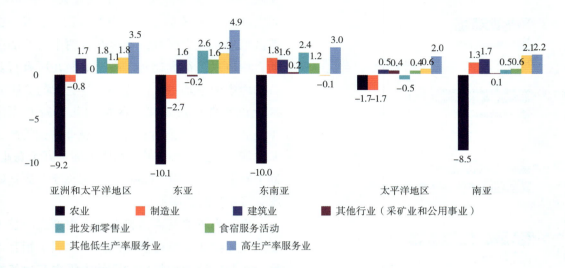

▶ 图2.13 2010~2019年亚洲和太平洋地区及其次区域各行业就业占比的变化情况

注："其他低生产率服务业"指运输和储存以及"其他服务业"[《所有经济活动的国际标准行业分类》（ISIC）第四版，行业H、J、R、S、T、U]。"高生产率服务业"指金融和保险、房地产、商业和行政活动、公共管理、教育以及人体健康和社会工作[《所有经济活动的国际标准行业分类》（ISIC）第四版，行业K、L、M、N、O、P、Q]。

资料来源：作者基于国际劳工组织劳工统计数据库（ILOSTAT）计算而得。

个亚太地区的20%和东南亚次区域的25%。食宿服务业被视为旅游业的替代值①，2010~2019年食宿服务业对该区域的就业增长作出重要贡献，占到该区域新增就业的10%。2019年，亚太地区这两个行业容纳的就业人口总数超过3.5亿人。新冠危机对这两个行业的冲击格外严重，使人们认识到二者对经济的重要性，及其体面工作不足所造成的脆弱性。

疫情发生前，旅游业在全球服务贸易中的占比是最大的（25%）。由于流动限制和需求锐减，这一比例下降了10%（UNCTAD，2021）。亚太地区是国际旅游业下降幅度最大的区域：与2019年同期相比，2021年前五个月下降了95%（UNWTO，2021a）。批发和零售业在危机的关键阶段受到的冲击尤其严重，因为地区封锁和防控措施除了限制经济活动之外，还阻止了失业工人再次进入该行业就业。由于年度数据无法体现疫情对这一行业的冲击力度，我们借助该区域部分国家（地区）的季度数据来

量化疫情对旅游业以及批发和零售业的严重影响。

在许多具有可用数据的国家（地区），2020年第二季度批发和零售业以及食宿服务活动的失业人数在各自总就业人口中的比重远高于疫情前水平（见图2.14）。在具有可用季度数据的国家（地区）样本中，2020年第二季度只有蒙古国的批发和零售业的就业人数增加了，但其食宿服务业的就业人数同样下降了。这表明疫情早期可能存在再分配效应，或者危机的影响可能滞后显现（见图2.15、图 2.16）。随着经济的开放，由于对外界需求依赖程度较低，批发和零售业的就业比食宿服务业更快反弹，而后者在2020年底仍低于疫情前的水平，在部分有可用数据的国家（地区），这种情况甚至延续到了2021年中期。

在该区域，女性、青年和非正式工人在上述两个行业的劳动力中占了很大比重，受疫情的冲击也格外严重，这在一定程度上归因于他

① 尽管旅游业相关的工作可以延展到其他行业，如交通、旅行社以及文化和娱乐业，但食宿服务业通常被用作旅游业的替代值（参见如UNWTO，2020）。

② 本段呈现的数据为作者基于国际劳工组织劳工统计数据库（ILOSTAT）计算所得。

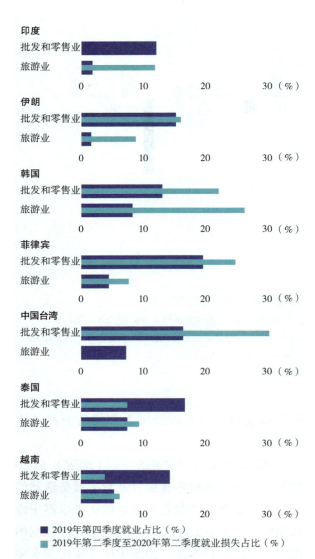

印度

伊朗

韩国

菲律宾

中国台湾

泰国

越南

■ 2019年第四季度就业占比（%）
■ 2019年第二季度至2020年第二季度就业损失占比（%）

▶ 图2.14　亚洲和太平洋地区部分国家（地区）批发和零售业与食宿服务活动（疫情前）就业占比和（2019年第二季度至2020年第二季度）就业损失占比

注：旅游业＝食宿服务活动（旅游业替代值）。如果通过计算就业水平与上一年同季度相比的变化量解释季节性因素，印度的批发和零售业以及中国台湾的食宿服务活动的就业增长为正，因此未造成失业（一定程度上反映了危机期间劳动力向这些行业的重新分配）。

资料来源：作者基于国际劳工组织劳工统计数据库（ILOSTAT）季度数据系列计算而得。

们占比过高[②]。2019年，女性占了东亚和东南亚旅游业（食宿服务业）总劳动力的60%，占了整个亚太地区旅游业总劳动力的一半以上。

在批发和零售业，女性占了就业人口的40%，而女性在该区域总劳动力中的占比为36%。在该区域的所有次区域，青年在这两个行业的劳动力中也占了很大比例，高于他们在所有行业劳动力中的平均占比。这两个行业中的非正式就业也非常普遍，在该区域的几乎所有国家（地区），这两个行业的非正式就业占比均高于非农就业。这些行业的平均收入通常高于农业，低于制造业（个别情况除外），远低于"高技能服务行业"的平均水平。

目前尚不清楚疫情将在多大程度上与技术变革（如数字化和自动化的加速发展）相互作用，以及对这两个行业的劳动力需求产生怎样的长期影响。一方面，尽管大多数批发和零售业以及旅游业的岗位需要人际互动，这两个行业的劳动力被自动化取代的风险低于其他职业，至少在近期未来是这样的。另一方面，无法远程操作且需要人际接触的工作仍然容易受到公共卫生突发事件的影响。此外，疫情后消费模式和消费者偏好（如线上零售）的改变也可能对这两个行业产生影响。

鉴于疫情形势，需要在全球范围内协调好出行措施和物流服务，包括签订健康和安全协议等。预计2024年之前，国际旅客流量都无法恢复到疫情前的水平（UNWTO，2021b）。疫情之后，亚太各国（地区）必须落实政策支持批发和零售业及旅游业的中小微型企业，如努力推进正式化，实施包括专门的技能发展项目在内的积极的劳动力市场政策。在亚洲，未来这两个行业可能出现两种前景：第一种是维持现状，即两个行业继续发展，吸收（从农业，也可能是从制造业流出的）失业劳动力从事低技能、低生产率的工作；第二种是创造体面和高生产率的工作，为绿色经济转型做出贡献。要想实现第二种前景，需要顶住疫情之后削减财政开支的压力，采取和协调政策措施，开展公共投资。

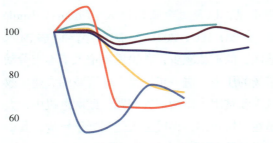 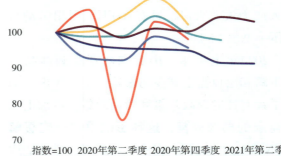

指数=100　2020年第二季度　2020年第四季度　2021年第二季度

— 伊朗　— 韩国　— 蒙古国
— 菲律宾　— 泰国　— 越南

▶ 图2.15　亚洲和太平洋地区部分经济体食宿服务业就业指数
注：所选国家至少具有2020年第四季度之前的劳动力调查季度数据。相关数据与2019年相应季度数据建立索引关系，以解释季节性。
资料来源：国际劳工组织劳工统计数据库（ILOSTAT）季度数据。

指数=100　2020年第二季度　2020年第四季度　2021年第二季度

— 伊朗　— 韩国　— 蒙古国
— 菲律宾　— 泰国　— 越南

▶ 图2.16　亚洲和太平洋地区部分国家批发和零售业就业指数
注：所选国家至少具有2020年第四季度之前的劳动力调查季度数据。相关数据与2019年相应季度数据建立索引关系，以解释季节性。
资料来源：国际劳工组织劳工统计数据库（ILOSTAT）季度数据。

▶ 2.5　欧洲和中亚

欧洲和中亚是又一个经济原本就显著不对称且不对称程度由于疫情进一步加剧的区域。尽管该区域受疫情冲击严重，许多国家（地区）经历了多轮封锁，但各次区域应对危机的能力存在显著差距，这些差距既体现在卫生基础设施方面，也体现在实施适应性货币政策和财政政策所需的财政空间方面（ILO，2021a）。各次区域的复苏前景也大不相同，主要取决于疫苗的普及程度（尤其是在新的病毒变种和新疫情侵袭的情况下），以及能否持续投入资金刺激经济、支持就业和收入保护政策。例如，大多数西欧国家能够通过欧盟的机制获得资金，而东欧和中亚国家（地区）却正在艰难应对日益收缩的财政空间。

2.5.1　劳动力市场趋势

疫情早期，北欧、南欧和西欧报告的新冠肺炎病例数量居全球之首，对其公共卫生造成严峻挑战，也大大缩短了工作时间。2020年，该次区域的净工作岗位损失为270万个，但由于严重依赖集约边际调整，这一数据并不能充分反映疫情冲击的严重程度。通过大量使用就业保留计划（强制休假或临时解雇）和缩短工时，各国（地区）政府成功缓解了就业损失和失业率上升的问题（ILO，2021a；OECD，2021a）。对这些计划的高度依赖体现在所有次区域中，缩短工时在集约边际调整中所占比重是最高的。在部分情况下，这一过程借助了社会对话。2020年，该次区域损失的工时相当于比2019年减少了1280万个全职工作岗位（见表2.5）。2021年下半年，北欧、南欧和西欧强势反弹，预计这一趋势将延续到2022年，其中德国、法国、意大利和西班牙的拉动作用尤其突出（IMF，2021a）。然而，不同行业的恢复并不均衡。供应链中断导致产业要素供应不足，卫生紧急事件造成劳动力短缺，部分行业因此受到重创（UNCTAD，2021）。

在就业非正式程度较高的东欧，劳动力从有偿带薪就业向自雇和无报酬家庭工作转移，减轻了就业减少和劳动参与下降的问题。然而在2020年，将近270万工人失去工作，其中110万人成为失业人口，另有100万人退出劳动力队伍（见表2.5）。

2020年上半年，中亚和西亚受到商品价格下跌和出口需求减少的影响，下半年由于采取了针对性的财政政策和货币政策，再加上欧洲需求的**局部恢复，这种影响得到一定缓解**（UNCTAD，2021）。在中亚和西亚，疫情造成的挑战包括大量劳动力退出市场（几乎所有失业都是这种情况）（见表2.5），社会保障覆盖面严重不足，以及资金缺口巨大（Duran–Valverde et al.，2020；ILO，2021a）。2020年，许多国家（地区）的汇款减少，移民返乡增大了本土劳动力市场的压力，进一步加剧了该区域的失业、收入减少和贫困人口增加等问题。此次危机中，尤其是在疫情初期，移民工人受到严重影响，其中包括在该次区域许多国家（地区）的劳动力中占重要份额的周期和季节性工人（circular and

▶ 表2.5　2019~2023年欧洲和中亚及其次区域工时、就业、失业和劳动力的估算值与预测值

区域/次区域	每周总工时与15~64岁人口的比率（%）					以全职等价工时表示的总工时（FTE=48小时/周）（百万小时）				
	2019年	2020年	2021年	2022年	2023年	2019年	2020年	2021年	2022年	2023年
欧洲和中亚	25.7	23.7	24.9	25.6	25.9	326	300	315	323	325
北欧、南欧和西欧	25.8	23.7	25.0	25.9	26.1	157	144	152	157	158
东欧	26.7	25.3	26.3	26.8	26.9	109	102	105	106	106
中亚和西亚	24.0	21.0	22.6	23.4	23.6	60	53	58	60	62
	就业人口比率（%）					就业人口（百万人）				
	2019年	2020年	2021年	2022年	2023年	2019年	2020年	2021年	2022年	2023年
欧洲和中亚	54.6	53.4	53.5	53.9	53.9	416	408	411	414	416
北欧、南欧和西欧	54.4	53.5	53.8	54.1	54.2	209	206	208	210	210
东欧	56.6	55.7	55.6	55.8	55.8	138	135	135	135	135
中亚和西亚	51.4	48.9	49.3	49.7	50.0	69	67	68	70	71
	失业率（%）					失业人口（百万人）				
	2019年	2020年	2021年	2022年	2023年	2019年	2020年	2021年	2022年	2023年
欧洲和中亚	6.6	7.1	7.1	6.7	6.6	29.6	31.4	31.3	29.9	29.2
北欧、南欧和西欧	6.9	7.3	7.3	6.8	6.6	15.6	16.3	16.5	15.2	14.9
东欧	4.7	5.6	5.3	4.9	4.7	6.8	8.0	7.5	7.0	6.7
中亚和西亚	9.4	9.7	9.8	10.0	9.7	7.2	7.2	7.4	7.7	7.6
	劳动参与率（%）					劳动力（百万人）				
	2019年	2020年	2021年	2022年	2023年	2019年	2020年	2021年	2022年	2023年
欧洲和中亚	58.5	57.5	57.6	57.7	57.7	446	440	442	444	445
北欧、南欧和西欧	58.4	57.8	58.0	58.1	58.1	225	223	224	225	225
东欧	59.4	59.0	58.7	58.7	58.5	145	143	142	142	141
中亚和西亚	56.8	54.1	54.6	55.2	55.4	76	74	75	77	78

资料来源：国际劳工组织劳工统计数据库（ILOSTAT），国际劳工组织模拟估算，2021年11月。

seasonal worker）（ILO，2021a）。据估计，2021年，中亚和西亚经济温和复苏，但复苏势头随着财政和货币支持政策的逐步取消而有所削弱。

在欧洲和中亚，危机对一部分公司和工人的打击更加沉重。中小微型企业在备受疫情冲击的零售业和旅游业等行业中占比过高，且获得支持政策的机会有限，因而受到严重影响（OECD，2020b）。受疫情冲击异常严重的工人群体包括：临时工、各种形式的就业者（见第3章）、低收入职业的工人和移民工人。

与其他大部分区域一样，该区域青年受疫情影响也非常严重，在2020年净失业人口中占了很大比重（超过1/3）。在北欧和中亚，青年在总失业人口中的占比尤其高，分别为77%和16%。后面的专题介绍讨论了疫情对青年的影响，以及促进他们参与和重新参与劳动力市场的挑战。

疫情对各次区域不同性别工人的影响差异显著。2020年，西亚女性占净失业人口的比重高于其占总就业人口的比重，也比南欧、东欧和中亚略高。然而，在北欧和西欧，女性占净失业人口的比重小于男性，劳动参与率下降速度也远低于男性（见附录C，表C17）。

预计到2022年，北欧、南欧和西欧的失业率将恢复到甚至低于疫情前的水平；东欧则需要到2023年才能达到同等水平（见表2.5）。直至2023年，所有次区域的劳动参与率可能会持续低于疫情前的水平，这种可能性将促进失业率的回落。同样，各次区域的就业人口比率预计也将低于疫情前的水平。

人们担心，疫情之后欧洲各大经济体的不平等将会加剧。与低收入工人相比，高收入工人损失的工时和收入更少，储蓄增多，收入恢复得也更快；而低收入者远程工作的机会较少，损失的收入更多，储蓄减少。与此同时，未来几年政府可能会面临削减开支的压力（UNCTAD，2021；OECD，2021a）。领先行业和落后行业工人工资的差距在过去的几十年里持续增大，将支持出口作为长期的政策重点将进一步扩大这种差距，而劳动收入占比的下降将在很大程度上由低工资工人承担（UNCTAD，2021）。

2.5.2　青年的就业和再就业：劳动力市场的激活与挑战

疫情暴发前，与其他区域一样，青年在欧洲和中亚大部分区域的劳动力市场中处于不利地位。从需求方面来看，许多国家（地区）的经济高速增长和创造就业处于脱节状态。正式和体面工作机会不足是促使中亚国家（地区）劳动力转移的关键因素（ILO，2021a，2020h）。从供给方面来看，教育培训系统的输出与劳动力市场需求之间的差距持续存在（ILO，2021e）。这些结构性挑战表现为从学校到职场过渡困难、

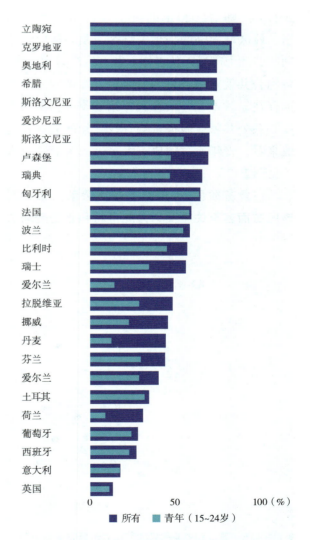

▶ 图2.17　2020年第二季度至第四季度联系公共就业服务机构寻找工作的失业人口的比重

资料来源：经济合作与发展组织（OECD，2021a）。

青年失业率高、未就业且未受教育或培训的青年比率大，以及存在巨大的性别差距。

疫情加剧了这些难题，使该区域众多青年面临严重的受创风险。延迟进入劳动力市场，从事质量较低的工作，长时间处于或反复陷入失业或不活跃状态——这些都将对青年的职业道路和收入前景产生长期影响（ILO，2021a；OECD，2021a）。疫情期间，该区域各国（地区）政府出台和扩大了积极的劳动力市场政策，以保护工作和支持劳动力需求。该区域的部分国家（包括法国、希腊、匈牙利、爱尔兰、卢森堡、葡萄牙、罗马尼亚和英国）出台了专门针对青年求职者的就业激励措施（OECD，2021b）。随着2020年许多工人退出劳动力队伍，该区域面临的一个关键挑战是如何使青年回归劳动力市场，从事体面和有生产力的工作。各国公共就业服务机构向年轻人提供的主动帮助存在显著差异。从2020年第二季度至第四季度联系公共就业服务机构寻找工作的失业者构成来看，青年所占的比重大多远远落后于成人（见图2.17）。

在复苏阶段，（重新）激活劳动力市场对该区域而言至关重要，为此可将积极的劳动力市场政策拓展至劳动力市场的边缘群体，尤其是未就业且未受教育或培训的青年。各国需要采取怎样的政策组合取决于其自身情况，同时应当考虑到各种政策的利弊，以及这些政策与被动的劳动力市场政策的相互作用（如参见Brown and Koettl，2015；Pignatti and Van Belle，2018）。总的来说，一旦经济开始复苏，积极的劳动力市场政策就必须把重心从保护就业岗位和维持收入转向激励雇主创造就业（如实施有针对性的雇佣补贴）和推动无业者重新积极求职（见表2.6）。复苏期间及以后，积极的劳动力市场政策必须解决供给和需求两方面的问题，并且关注包括未就业且未受教育或培训的青年在内的弱势群体。在整个危机和复苏期间及之后，出台激励措施积累人力资本（重点是开展技能重塑和技能提升）对于帮助青年在疫情后的劳动世界开启就业和从事各种工作非常重要。

尽管疫情之后各国面临缩减开支的压力，在公共就业服务和积极的劳动力市场政策较为薄弱的国家（地区），应当把提高上述能力的关键投资放在优先级别，并加强对未就业且未受教育或培训的青年和其他弱势群体的主动帮扶服务。尽管东欧和中欧、中亚和西亚的相关数

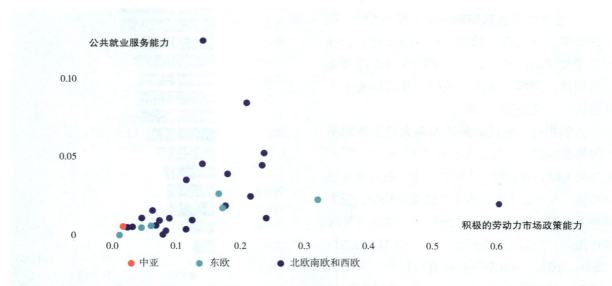

▶ **图2.18　欧洲和中亚积极的劳动力市场政策能力和公共就业服务能力**

注：积极的劳动力市场政策中，失业人员人均支出占人均GDP的百分比被用作积极的劳动力市场政策能力的替代指标。平均每个失业人员的安置和相关服务支出占人均GDP的百分比被用作公共就业服务能力的替代指标。

资料来源：经济合作与发展组织（2021a）。

据非常少，但可用数据显示，这些次区域可能落后于欧洲其他财政限制较少的区域（见图2.18）。尽管2/3的经济合作与发展组织成员国在疫情期间增加了公共就业服务预算，收效最好的是那些已经具备相关基础设施因而能够提供更多服务的国家（地区）（OECD，2021a）。在未来几年，投资包括数字技术在内的基础设施和提高流程效率对该区域至关重要。

▶ 表2.6　危机期间、复苏期间及之后积极的劳动力市场政策

目标领域	积极的劳动力市场政策类别	政策/工具	目的	目标人群	利弊	时间		
						危机期间	复苏期间	复苏之后
劳动力需求	激励保留就业	工作分摊/减少工作	减少就业人员流失；保持与劳动力市场的连接	就业人员	能够在短期内阻止裁员，但须及时退出以免长此以往造成消极影响（如抑制有效的劳动力再分配）；成本相对较高	保持	缩减	
		工资补贴						
	激励创造就业	招聘补贴	增加就业人员流入	无业人员（失业人员、不活跃人员和未就业且未受教育或培训的青年）	发挥逆周期自动稳定作用，在衰退期间保持与劳动力市场的连接，支持复苏；性价比高	保持/加强	按需保持	保持，针对弱势群体：未就业且未受教育或培训的青年
		新创企业/自雇劳动支持措施			性价比高，支持复苏，但应用范围有限			
劳动力供给	激励寻找和保持工作	工作福利和补贴	增加就业人员流入，减少流出；加强与劳动力市场的连接，提供收入支持	就业人员和无业人员	性价比高，作为重新分配工具能够缓解收入损失；对就业的长期作用有限（对长期创造就业的性价比不高）	保持	按需保持	保持，针对弱势群体：未就业或未受教育和培训的青年
		公共工程		无业人员（失业人员、不活跃人员和未就业且未受教育或培训的青年）	在危机期间发挥重新分配、安全网的作用；对长期创造就业的性价比不高	保持	按需保持	
		激活措施和工作福利	增加就业人员流入		对转变为积极的收入支持措施性价比高；能够与需求侧政策一同支持复苏			保持，针对弱势群体：未就业且未受教育或培训的青年
		制裁（如对于不参与积极的劳动力市场政策的人员，削减其失业福利）					保持	
	激励人力资源积累	在职培训	增加就业人员流入，提高生产效率，提高匹配度	就业人员和无业人员	提高就业能力；技能升级；长期来看对加强复苏性价比高	保持/加强	保持/加强	对所有人保持/对弱势群体（未就业且未受教育或培训的青年）加强
		课堂培训						
劳动力匹配	提高劳动力市场匹配	求职协助	提高就业人员流入，提高求职效率和匹配度	无业人员（失业人员、不活跃人员和未就业且未受教育或培训的青年）	对就业能力（尤其是弱势群体的就业能力）具有强烈影响；性价比高；在支持复苏中发挥强有力作用	保持	保持/加强	保持
		咨询和监测						
		雇主中介服务		就业人员和无业人员				

资料来源：作者基于布朗和凯特尔（Brown and Koettl，2015）和经济合作与发展组织（OECD，2021b）的研究整理而得。

参考文献

▶ Abdih, Yasser, Ralph Chami, Jihad Dagher, and Peter Montiel. 2012. "Remittances and Institutions: Are Remittances a Curse?" *World Development* 40 (4): 657–666.

▶ AfDB (African Development Bank). 2021. *African Economic Outlook 2021: From Debt Resolution to Growth: The Road Ahead for Africa*. Abidjan.

▶ Bahn, Kate. 2018. "Understanding the Importance of Monopsony Power in the U.S. Labor Market". Washington Center for Equitable Growth, 5 July 2018. https://equitablegrowth.org/understanding-the-importance-of-monopsony-power-in-the-u-s-labor-market/.

▶ Bartik, Alexander, Marianne Bertrand, Zoe Cullen, Edward L. Glaeser, Michael Luca, and Christopher Stanton. 2020. "The Impact of COVID-19 on Small Business Outcomes and Expectations". *Proceedings of the National Academy of Sciences of the United States of America* 117 (30): 17656–17666. https://www.pnas.org/content/117/30/17656.

▶ Brown, Alessio J.G., and Johannes Koettl. 2015. "Active Labor Market Programs – Employment Gain or Fiscal Drain?" *IZA Journal of Labor Economics* 4 (12). https://izajole.springeropen.com/articles/10.1186/s40172-015-0025-5.

▶ Carvalho, Antonio, Jeff Youssef, and Nicolas Dunais. 2018. "Maximizing Employment of Nationals in the GCC: Benefits and Limits of Labour Policy Instruments". Oliver Wyman.

▶ Chami, Ralph, Ekkehard Ernst, Connel Fullenkamp, and Anne Oeking. 2018. "Are Remittances Good for Labor Markets in LICs, MICs and Fragile States? Evidence from Cross-Country Data", IMF Working Paper.

▶ Durán-Valverde, Fabio, José F. Pacheco-Jiménez, Taneem Muzaffar, and Hazel Elizondo-Barboza. 2020. "Financing Gaps in Social Protection: Global Estimates and Strategies for Developing Countries in Light of the COVID-19 Crisis and Beyond", ILO Working Paper No. 14.

▶ EBRD (European Bank for Reconstruction and Development), EIB (European Investment Bank) and World Bank. 2016. *What's Holding Back the Private Sector in MENA? Lessons from the Enterprise Survey*. Washington, DC: World Bank. https://www.eib.org/attachments/efs/econ_mena_enterprise_survey_en.pdf.

▶ England, Andrew. 2021. "'We've Woken up': Attitudes Change as Saudi Arabia Kick-Starts Job Market". *Financial Times*, 19 October 2021.

▶ IEJ (Institute for Economic Justice). 2020. Report prepared in support to the SADC Employment Labour Sector, October 2020 (updated February 2021).

▶ ILO. 2016. *Non-standard Employment around the World: Understanding Challenges, Shaping Prospects*.

▶ ——. 2018. *Initiatives de promotion de la formalisation des entreprises et leurs travailleurs en Afrique*. Yaoundé. https://www.ilo.org/wcmsp5/groups/public/---africa/---ro-abidjan/---sroyaounde/documents/genericdocument/wcms_634831.pdf.

▶ ——. 2020a. "ILO Monitor: COVID-19 and the World of Work. Sixth Edition", ILO Briefing Note, 23 September 2020. https://www.ilo.org/wcmsp5/groups/public/---dgreports/---dcomm/documents/briefingnote/wcms_755910.pdf.

▶ ——. 2020b. "COVID-19 Impact on Child Labour and Forced Labour: The Response of the IPEC+ Flagship Programme", Brochure, 20 May 2020.

▶ ——. 2020c. "ILO Monitor: COVID-19 and the World of Work. Fourth Edition", ILO Briefing Note, 27 May 2020. https://www.ilo.org/wcmsp5/groups/public/---dgreports/---dcomm/documents/briefingnote/wcms_745963.pdf.

▶ ——. 2020d. "COVID-19: Labour Market Impact and Policy Response in the Arab States", ILO Briefing Note, 15 May 2020. https://www.ilo.org/wcmsp5/groups/public/---arabstates/---ro-beirut/documents/briefingnote/wcms_744832.pdf.

▶ ——. 2020e. "Impact of COVID-19 on Migrant Workers in Lebanon and What Employers Can Do about It". ILO Regional Office for the Arab States, 6 April 2020. https://www.ilo.org/wcmsp5/groups/public/---arabstates/---ro-beirut/documents/publication/wcms_741604.pdf.

▶ ——. 2020f. "The Impact of COVID-19 on the Arab Region: An Opportunity to Build Back Better", ILO Policy Brief, July 2020.

▶ ——. 2020g. *Asia–Pacific Employment and Social Outlook 2020: Navigating the Crisis towards a Human-Centred Future of Work*. Bangkok.

▶ ——. 2020h. *World Employment and Social Outlook: Trends 2020*.

▶ ——. 2020i. "Social Protection Responses to the COVID-19 Crisis around the World", ILO Brief, 31 December 2020.

▶ ——. 2020j. "COVID-19 and Global Supply Chains: How the Jobs Crisis Propagates across Borders", ILO Policy Brief, 29 June 2020.

▶ ——. 2020k. "The Effects of COVID-19 on Trade and Global Supply Chains", ILO Research Brief, 3 June 2020.

▶ ——. 2020l. "The Supply Chain Ripple Effect: How COVID-19 Is Affecting Garment Workers and Factories in Asia and the Pacific", ILO Research Brief, 21 October 2020.

▶ ——. 2021a. *World Employment and Social Outlook: Trends 2021*.

▶ ——. 2021b. *World Social Protection Report 2020–22: Social Protection at the Crossroads – In Pursuit of a Better Future*.

▶ ——. 2021c. "Employment and Informality in Latin America and the Caribbean: An Insufficient and Unequal Recovery", Technical Note, Labour Overview Series Latin America and the Caribbean 2021.

▶ ——. 2021d. "ILO Monitor: COVID-19 and the World of Work. Eighth Edition", ILO Briefing Note, 27 October 2021. https://www.ilo.org/wcmsp5/groups/public/---dgreports/---dcomm/documents/briefingnote/wcms_824092.pdf.

▶ ———. 2021e. *Towards Full and Productive Employment in Uzbekistan: Achievements and Challenges*. Moscow.

▶ ———. 2021f. "COVID-19, Vaccinations and Consumer Demand: How Jobs Are Affected through Global Supply Chains", ILO Brief, 22 June 2021.

▶ ILO and ERF (Economic Research Forum). 2021a. *Regional Report on Jobs and Growth in North Africa 2020*.

▶ ———. 2021b. *Rapid Labour Force Survey on the Impact of COVID-19 in Egypt*.

▶ ———. 2021c. *Rapid Labour Force Survey on the Impact of COVID-19 in Morocco*.

▶ ———. 2021d. *Rapid Labour Force Survey on the Impact of COVID-19 in Tunisia*.

▶ ———. 2021e. "The Impact of COVID-19 on Employment and Wages in Egypt", Highlights: Survey June 2020, February 2021. https://www.ilo.org/wcmsp5/groups/public/---africa/---ro-abidjan/---srocairo/documents/publication/wcms_791076.pdf.

▶ ILO and ESCWA (Economic and Social Commission for Western Asia). 2021. *Towards a Productive and Inclusive Path: Job Creation in the Arab Region*. Beirut.

▶ ILO and OECD (Organisation for Economic Co-operation and Development). 2020. *The Impact of the COVID-19 Pandemic on Jobs and Incomes in G20 Economies*. 3rd Employment Working Group Meeting, 19–20 August 2020.

▶ ILO and UNDP (United Nations Development Programme). 2012. *Rethinking Economic Growth: Towards Productive and Inclusive Arab Societies*. Beirut.

▶ IMF (International Monetary Fund). 2021a. "Fault Lines Widen in the Global Recovery", World Economic Outlook Update, July 2021.

▶ ———. 2021b. "Tax Avoidance in Sub-Saharan Africa's Mining Sector", Departmental Paper, 28 September 2021.

▶ Isaacs, Gilad. 2021. "Towards a Transformative Macroeconomic Policy Framework for Employment Generation in Africa". Paper presented at 4th ILO Employment Policy Research Symposium, 15–16 November 2021.

▶ OECD. 2020a. "Supporting Businesses in Financial Distress to Avoid Insolvency during the COVID-19 Crisis", OECD Policy Responses to Coronavirus, 27 May 2020. https://www.oecd.org/coronavirus/policy-responses/supporting-businesses-in-financial-distress-to-avoid-insolvencyduring-thecovid-19-crisis-b4154a8b/.

▶ ———. 2020b. "Coronavirus (COVID-19): SME Policy Responses", OECD Policy Responses to Coronavirus, 15 July 2020. https://www.oecd.org/coronavirus/policy-responses/coronavirus-covid-19-sme-policy-responses-04440101/.

▶ ———. 2021a. *OECD Employment Outlook 2021: Navigating the COVID-19 Crisis and Recovery*. Paris.

▶ ———. 2021b. "Designing Active Labour Market Policies for the Recovery", OECD Policy Responses to Coronavirus, 15 July 2021. https://www.oecd.org/coronavirus/policy-responses/designing-active-labour-market-policies-for-the-recovery-79c833cf/.

▶ Oprong, John Irong. 2021. "How COVID-19 Has Accelerated Child Labour in the

Construction Sector". ILO, 12 June 2021. https://www.ilo.org/africa/technical-cooperation/accel-africa/WCMS_801839/lang--en/index.htm.

▶ Ortiz, Isabel, Anis Chowdhury, Fabio Durán-Valverde, Taneem Muzaffar, and Stefan Urban. 2019. *Fiscal Space for Social Protection. A Handbook for Assessing Financing Options*. ILO.

▶ Parker, Kim, Ruth Igielnik, and Rakesh Kochhar. 2021. "Unemployed Americans Are Feeling the Emotional Strain of Job Loss; Most Have Considered Changing Occupations". Pew Research Center, 10 February 2021. https://www.pewresearch.org/fact-tank/2021/02/10/unemployed-americansare-feeling-the-emotional-strain-of-job-loss-most-have-considered-changing-occupations/.

▶ Petrosky-Nadeau, Nicolas, and Robert G. Valletta. 2021 "UI Generosity and Job Acceptance: Effects of the 2020 CARES Act", Federal Reserve Bank of San Francisco Working Paper 2021-13. https://www.frbsf.org/economic-research/files/wp2021-13.pdf.

▶ Pignatti, Clemente, and Eva Van Belle 2018. "Better Together: Active and Passive Labour Market Policies in Developed and Developing Economies", ILO Research Department Working Paper No. 37. https://www.ilo.org/wcmsp5/groups/public/---dgreports/---inst/documents/publication/wcms_660003.pdf.

▶ Sundaram, Anjali. 2020. "Yelp Data Shows 60% of Business Closures Due to the Coronavirus Pandemic Are Now Permanent". CNBC, 16 September 2020. https://www.cnbc.com/2020/09/16/yelp-data-shows-60percent-of-business-closures-due-to-the-coronavirus-pandemic-are-nowpermanent.html.

▶ UNCTAD (United Nations Conference on Trade and Development). 2017. "Commodity Dependence and the Sustainable Development Goals". Trade and Development Board, Trade and Development Commission, Multi-year Expert Meeting on Commodities and Development, 9th session, Geneva, 12–13 October 2017. https://unctad.org/system/files/official-document/cimem2d37_en.pdf.

▶ ———. 2020. *Tackling Illicit Financial Flows for Sustainable Development in Africa. Economic Development in Africa Report 2020*. Geneva. https://unctad.org/system/files/official-document/aldcafrica2020_en.pdf.

▶ ———. 2021. *Trade and Development Report 2021: From Recovery to Resilience: The Development Dimension*. Geneva. https://unctad.org/system/files/official-document/tdr2021_en.pdf.

▶ UNWTO (United Nations World Tourism Organization). 2020. "Tourism in SIDS: The Challenge of Sustaining Livelihoods in Times of COVID-19", UNWTO Briefing Note – Tourism and COVID-19, Issue 2. https://www.e-unwto.org/doi/pdf/10.18111/9789284421916.

▶ ———. 2021a. *World Tourism Barometer Statistical Annex* 19 (4).

▶ ———. 2021b. *World Tourism Barometer Statistical Annex* 19 (3).

▶ van Klaveren, Maarten, and Kea Tijdens. 2018. *Mapping the Global Garment Supply Chain*. Amsterdam: Wage Indicator Foundation.

▶ Wolf, Michael. 2021. "The Global Labor Shortage: How COVID-19 Has Changed the Labor Market". *Deloitte Insights*, 23 August 2021. https://www2.deloitte.com/xe/en/insights/economy/global-labor-shortage.html.

▶ Zeufack, Albert G., Cesar Calderon, Megumi Kubota, Vijdan Korman, Catalina Cantu Canales, and Alain N. Kabundi. 2021. *Africa's Pulse, No. 24, October 2021: An Analysis of Issues Shaping Africa's Economic Future*. Washington, DC: World Bank.

第3章

临时工和新冠肺炎疫情：暗流涌动

▶ 引言

如前文及《世界就业和社会展望2021年趋势》所述，新冠肺炎疫情对各区域、各行业、各类职业以及各类人群以不同方式造成了不同程度的影响。这种差异性的影响扩大了不同国家（地区）和不同人群之间的差距，加剧了不平等（ILO，2021a）。无论是对工人还是对企业而言，临时性就业都具有多种重要影响。面对临时性就业长期增长的趋势，我们不禁要问：新冠肺炎疫情对临时工造成了哪些影响？临时工的复苏前景如何？此外，疫情影响是否将加速临时性就业的结构性增长（如第1章所述），抑或仅仅是造成长期的周期性波动？

尽管危机期间临时性就业保持在稳定水平，但在这层表象之下，临时工劳动力市场发生了很大变化。临时性就业更加灵活，使得企业能够按照需求变化较容易地调整其生产力量。临时性就业的普遍程度取决于经济结构，也受到社会规范等其他因素的影响。然而，在经济危机期间，最简单的办法往往是（通过不续签）终结与临时工的合同。现有证据显示，新冠肺炎疫情期间的情况与以往并无二致。然而，危机之后，随着商业活动逐步恢复，公司在持续的不确定中试探着雇用工人，临时性就业也很快增加。本章首先概述了临时性就业的背景，包括其长期趋势；之后讨论了临时性就业在新冠危机期间的变化，及其在复苏阶段可能出现的情况；最后简要介绍了对工人、企业和经济的影响。

本章的分析表明，与在以往危机中一样，临时性就业起到了抵御疫情冲击的缓冲作用。雇主减少使用临时工，导致这类工人大量失业。与此同时，许多失去工作的长期雇员在临时性就业中找到新的机会。可用的年度数据显示，这两种变化造成的最终结果是：临时工在总就业人口中的占比颇为稳定。然而，随着劳动力市场逐步复苏，经济开放的不对称性可能会导致临时性就业和长期就业的增长前景出现差异（见第1章）。这将对工人、企业和宏观经济产生重要影响。然而，从有限的国家（地区）层面的可用证据来看，临时工劳动力市场的变化与疫情前的趋势类似，说明使用临时工的现象及由此带来的影响非常普遍，不一定与危机期间和危机后的趋势有关。

▶ 3.1　临时性就业的背景

临时性就业在发展中国家（地区）和发达国家（地区）的含义不同。在发达国家（地区），临时性就业通常采取固定期限合同的形式，部分情况下能够成为求职者获得长期工作的踏脚石，但这取决于签订固定期限合同的方式在劳动力市场的普遍程度。在发展中国家（地区），临时性就业通常与非正式就业联系在一起，因而缺乏社会保障和包括就业保护在内的其他劳动保护。无论是在发展中国家（地区）还是发达国家（地区），临时性就业都可以作为企业根据需求调整用工规模的手段，因而在需求快速波动的产业非常普遍，全球供应链上的服装制造商就是个例子（World Solidarity，2009）（更多临时工职业的例子，见专栏3.1）。使用临时工导致留职率低，将对企业造成负面影响，例如阻碍其技能发展和创新（详见下文"对工人、企业和经济的影响"）。临时性就业对工人同样具有负面影响，在临时性就业普遍存在、临时工反复失业和重新就业的国家（地区）尤其如此。

3.1.1　临时性就业的定义

"临时性就业"指的是短期或固定**时间内的有偿带薪就业**。临时性就业不同于全职、正式和无明确期限的就业形式，雇员和雇主之间是从属关系（ILO，2018a）。然而，临时性就业的定义还存在多种变化，使收集不同区域和国家（地区）的数据、分析临时性就业的过程变得更加复杂。第20届国际劳工统计学家会议（ICLS）通过的一项新决议对雇员进行了分类，可能有助于未来数据的协调（ILO，2018b）[①]。临时性就业只是多种不同形式的工作安排中的一种，这些工作安排挑战了雇员与雇主间的"长期""全职"和"正式"关系的概念（见图3.1）。

临时性就业最常见的形式是固定期限工作和零散工作[②]。"固定期限工作"指的是工作安排中明确或未明确约定结束日期，通常与某段特定时间或完成某项特定任务或项目等条件绑定[③]。尽管固定期限合同并不直接接受国际劳动力标准约束，但1982年《雇主主动终止雇佣公约》（第158号公约）规定，不应单纯以规避就业保护相关法律和条款为目的采用固定期限合同方式（ILO，2016a）。临时性就业的另一种常见形式是"零散工作"。这种工作仅在短期内（如一天）偶尔或间歇性地开展，是典型的非正式工作[④]。尽管世界范围内超过40个国家（地区）就零散工作出台了法律法规，但未能有效执行（ILO，2016a）。学徒、学员和实习生也被视作临时工（见专栏3.1）。

▶ **图3.1　临时性就业及不同形式的工作安排**
资料来源：改编自国际劳工组织（2018a）。

---

① 第20届国际劳工统计学家会议上通过的关于工作关系数据的决议为判定临时工提供了新的数据标准和定义，该决议将雇员分为四类，分别是：（1）长期雇员；（2）固定期限雇员；（3）短期雇员和散工雇员；（4）带薪学徒、学员和实习生（ILO，2018b）。

② 零工工人、平台工人和随叫随到工人既可以划分为独立承包人，也可以划分为非独立的自雇劳动者（见图3.1）。尽管上述工人的工作是临时性的，本章并未将他们纳入对临时工的分析中。在考虑新冠危机对临时工的影响时有一个重要方面，那就是随着随叫随到工作平台的发展，许多临时工或许会转移到这些平台，虽然继续从事形式相近的工作，却被划分为随叫随到工人。

③ 第20届国际劳工统计学家会议给出的定义如下（ILO，2018b）："固定期限雇员：最低工作时数有保证并限定三个月或更长时间受雇期间的雇员。"

④ 第20届国际劳工统计学家会议给出的定义如下（ILO，2018b）："散工和间歇雇员是指在特定时间段工作时数没有保证但可能有持续性或经常性工作安排的雇员。"

专栏3.1   不同类型的临时工假设示例

季节性农业工人，苏丹

每年从埃塞俄比亚到苏丹采摘棉花的移民工人。劳动合同通常是非正式和有固定期限的，如3~4个月，没有福利和带薪休假。雇主依靠季节性的廉价劳动力作为投资机械收割的替代选择。

建筑工人，德国

中等技能工人，以项目为基础受雇开展建筑施工，工作时间是4~6个月。正式受雇，拥有带薪休假，能够获得与长期就业工人类似的福利。由于建筑项目和地点的多样性，雇主依赖临时工人储备库满足其对人力和技能的需求。

导游，加拿大

季节性工人。正式受雇，在工作淡季能够获得社会保障，并有公共就业服务机构帮助寻找替代工作时。雇主为其提供专业培训，双方非正式约定下个旺季将再次达成雇佣关系。雇主主要依靠青年人来满足每个旅游旺季的劳动力需求。

制衣工人，孟加拉国

短期受雇的中等技能工人。根据每周固定小时数按比例领取月薪。正式受雇，拥有带薪休假，但不享有长期雇员的福利。雇主依靠工人完成短期工作，以满足海外客户的临时需求。

农业散工，厄瓜多尔

只达成口头约定的日薪劳动者。非正式受雇。按任务计薪，无法商议酬劳，由雇主自行决定工作是否令人满意。雇主长期使用散工以尽量压低成本。

高技能办公室职员，美国

签订临时合同，但长期或稳定受雇。这种情况旨在避免向雇员支付福利，同时维持伪长期的雇佣关系。

3.1.2   临时性就业的长期趋势和特点

临时性就业在总就业人口中的占比正在逐渐增加。根据最新的可用数据，临时性就业率（即临时工在总就业人口中的占比）的平均水平约为28%（见图3.2）。这一数值按照就业人口规模进行了加权，且仅包括2010~2019年具有可用年度数据的国家（地区）[①]。该数据略高于未加权平均值（25%），反映出在有偿带薪工人数量较多的国家（地区），其临时性就业率也较高。尽管临时性就业率受到每个阶段可用调研数据的显著影响，但相关数据显示，2001~2010年及2011~2019年，临时性就业率增长了大约3个百分点（未加权平均）或6个百分点（就业人口加权平均）[②]。更广泛的研究显示，不同于全职、正式和长期就业，其他就业形式不断增长，与这种上升趋势相一致（ILO，2015，2016a）。

[①]   有关国家（地区）列表请参见图3.2的资料来源。

[②]   另一种方式是采用固定效应方法。国家（地区）哑变量可以吸收其他回归量未解释的所有跨国变量，这意味着它可以控制调查之间的差异（只要每个国家和地区的数据仅基于一项调查）。一旦通过这种方式控制了国家和地区之间的差异，过去20年里临时性就业的比例估计每年可以增加约0.14个百分点。这是一个趋向于更多临时性工作的温和趋势，但在20年里累计达到了3%。

临时性就业的发生率在不同国家（地区）有所不同。各国的就业保护立法、工会化程度和劳动在国民收入中的占比不同，造成了国家（地区）间临时性就业普遍程度的差异。一个重要的考虑因素是对定期合同的监管，尤其是是否对临时性合同的续签频率及续签时间进行了限制。在相关限制较为宽松的经济体，如安第斯国家，甚至连正规公司都大量采用临时性就业（Araujo and Sanchez，2016；Molina，2012）。在其他国家（地区），比如在欧洲，政府正在通过提高雇主对临时工的失业保险缴款等措施，试图消除长期雇员和临时工之间的劳动力市场分割（如法国、斯洛文尼亚）（Eichhorst，Marx and Wehner，2017）。然而，临时性工作非常普遍，并且受到劳动力市场结

构和规范的驱动。

在高收入国家（地区），临时性就业在总就业人口的占比下降最明显。 中等偏上收入国家（地区）的临时性就业率（就业人口加权后）是最高的，达35.4%，之后依次是中等偏下收入国家（地区）（34.7%）、低收入国家（地区）（33.7%）和高收入国家（地区）（15.0%）。从未加权平均值可以看出，国家（地区）收入越高，临时性就业就越少（见图3.3）。这种趋势引发出一个问题：临时性就业率是否是结构性的？也就是说，是否与经济的产业构成或职业构成相关？还是更多受到经济社会、文化和立法变化等因素的影响？

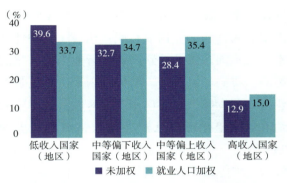

▶ **图3.3　按国家（地区）收入组别划分的临时工在总就业人口中的占比**

注：有年度数据的国家（地区）在2011~2019年期间的最新数据。参见图3.2的注释。

资料来源：国际劳工组织劳工统计数据库（ILOSTAT）。

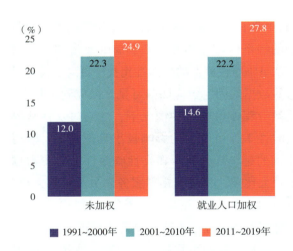

▶ **图3.2　根据最新可用数据计算的临时性就业率**

注：基于每个时期有年度数据的所有国家（地区）的最新数据。就业人口加权数据考虑了就业人口的规模，而未加权平均值是每个国家（地区）临时性就业率的平均值。加权值和未加权值均不代表世界总人口；仅代表有数据的国家（地区），且基于不同年份的数据。由于样本构成不同，各时期没有严格可比性，此处提供的数据仅供参考。每个时期的样本量（有数据的所有国家和地区）如下：n=118（2011~2019年），n=71（2001~2010年），n=36（1991~2000年）。高收入经济体：n=38（2011~2020年），n=34（2001~2010年），n=33（1991~2020年）；中等偏上收入经济体：n=32（2011~2010年），n=18（2001~2010年），n=1（1991~2000年）；中等偏下收入经济体：n=33（2011~2020年），n=15（2001~2010年），n=1（1991~2000年）；低收入经济体：n=16（2011~2020年），n=4（2001~2010年），n=1（1991~2000年）。

资料来源：国际劳工组织劳工统计数据库（ILOSTAT）。

▶ **图3.4　在部分有可用数据的经济体按主要产业划分的临时工的平均分布情况和就业比重**

注：2011~2019年有可用年度数据的国家（地区）最近一年的就业人口加权平均值（n = 90）。

资料来源：国际劳工组织劳工统计数据库（ILOSTAT）。

临时性就业趋势主要取决于经济结构。 按照产业划分，临时性就业率最高的是农业，达50.9%，工业和服务业分别为31.5%和20.2%（见图3.4）。通过分析这些趋势的长期走向来研究

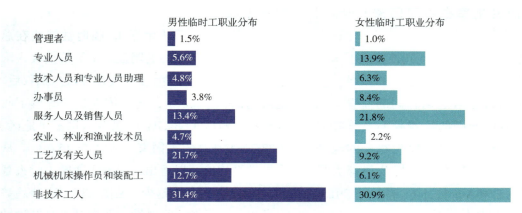

	男性临时工职业分布	女性临时工职业分布
管理者	1.5%	1.0%
专业人员	5.6%	13.9%
技术人员和专业人员助理	4.8%	6.3%
办事员	3.8%	8.4%
服务人员及销售人员	13.4%	21.8%
农业、林业和渔业技术员	4.7%	2.2%
工艺及有关人员	21.7%	9.2%
机械机床操作员和装配工	12.7%	6.1%
非技术工人	31.4%	30.9%

▶ **图3.5　疫情前最新的按职业和性别划分的临时工分布**
注：2011~2019年有可用年度数据的国家（地区）最近一年的就业人口加权平均值
（n = 90）。职业按照国际标准职业分类（ISCO）的大类划分。
资料来源：国际劳工组织根据国际劳工组织统一微观数据库资料的估算。

这样一个问题：从事临时性就业的概率更多是因就业人口的产业构成和职业构成（结构性因素）而不同，还是受到产业或行业内部变化的影响？我们可以发现，结构性因素（尤其是产业构成）发挥了主要作用。临时性就业率中大约40%的变化可以从产业构成来解释，大约25%的变化可以从职业构成来解释。中等偏上收入、中等偏下收入和低收入经济体的结构性因素最为明显，主要是由于劳动力从农业向制造业和服务业等高附加值工作转移。

女性从事临时性就业的可能性不一定更大。实际上，根据本次危机前最新的可用数据，平均约20%的女性雇员从事临时性工作，而男性的这一比例为23%。然而，这些数据在不同背景下确实有所不同。例如，在欧洲国家（地区），女性从事临时性就业的可能性高于男性（ILO，2016b），这可以部分归因于促进女性参与劳动力市场的改革，如放宽固定期限合同相关的法律限制（ILO，2016b）。也可能是因为女性承担着更多的免费照护责任，议价能力较弱，导致她们不得不接受稳定性较低的工作（ILO，2016b）。然

而，在有可用数据的大多数国家（地区），男性从事临时性就业的可能性高于女性。从一个包含103个具有能够衡量临时性就业和性别的微观数据的经济体样本可见，在57%的经济体中，男性从事临时性就业的可能性比女性更高。通过对这些数据的固定效应回归可见，在控制了年龄、受教育程度等变量的情况下，性别对女性从事临时性工作可能性的影响较小且不连贯。值得注意的是，部分职业在女性临时性就业中占据了很大比重，其中包括"服务人员及销售人员"以及"办事员"。在新冠肺炎疫情的冲击下，这两种职业的就业损失非常显著（见图3.5）。

在所有具有可用数据的国家（地区），临时工的非正式就业率均显著高于长期雇员。这是由于以非正式的方式雇用临时工，尤其是散工和日薪工人更加容易。在非正式就业比重较高的经济体，不稳定的就业形式（包括临时性就业）由于雇佣时间短和工作时数少，工作条件通常较差，如缺少带薪休假或病假以及缺乏社会保障。上述发展体现了在这些经济体中提供和获得社会保障的重要性。

▶ **3.2　临时性就业与新冠肺炎疫情**

　　新冠肺炎疫情的经验表明，虽然看上去疫　情对临时性就业率的整体影响很小，但在表象

▶ **图3.6　2012~2020年部分经济体中临时工在总就业人口中的占比**

注：就业人口加权平均值。含14个经济体的样本中包括巴西、加拿大、智利、哥斯达黎加、印度尼西亚、意大利、墨西哥、菲律宾、葡萄牙、塞尔维亚、南非、西班牙、英国和越南。含18个经济体的样本还包括阿根廷、格鲁吉亚、韩国和巴勒斯坦被占领土。

资料来源：国际劳工组织统一微观数据库。

之下，劳动力市场正发生着巨大变化。新冠肺炎疫情所引发的全球危机几乎是独一无二的，对各行业的影响极不均衡，各国针对经济和劳动力市场的不同领域出台了的各类政策。在这些措施的作用下，虽然危机期间大量临时工失去工作，但临时工在总就业人口中的占比一直相对稳定，这表明新增的临时性工作弥补了消失的临时性工作。部分新的临时性工作可能由原本拥有长期工作的人员或失业者填补。

3.2.1　临时工的净变化

可用数据显示，临时工在总就业人口中的占比相对稳定。在拥有可用年度数据的国家（地区），疫情几乎没有改变临时工的比重：2019~2020年，临时性就业率略有增长（见图3.6）。与之相应，非临时就业人员（长期雇员和"其他"雇员[1]）的占比也保持相对稳定。

然而，在拥有纵向数据的国家（地区），疫情期间临时工的失业速度高于非临时就业人员。表3.1为具有可用季度数据的国家（地区）的转移矩阵，展示了2020年第一季度临时或非临时就业人员于2020年第二至第四季度和2021年第一季度转为无业状态的变化情况。尽管数据未考虑季节性，但仍显示出自2020年第二季度起，随着疫情蔓延和防控措施的出台，临时工比非临时工更有可能面临失业[2]。例如，在阿根廷，2020年第一季度临时工中有42%的人在2020年第二季度失业，非临时工的这一数据为17%。应当注意的是，这种变化与所述经济体一年前的趋势相似，说明新冠肺炎疫情并未加剧原来的趋势。

此前的危机经验表明，在危机暴发初期，临时工比长期雇员更快失去工作。近年的经济危机，尤其是2008~2009年的全球金融危机表明，公司面临需求冲击做出调整时，临时工更容易被解雇（Guest and Isaksson，2019）。以

---

① "其他"包括难以归类为临时或长期员工关系的工作，如从事随叫随到的工作。

② 虽然在转移矩阵中无法考虑季节性因素，但控制年龄、性别和教育等特征是可能的。这样做不会导致差距普遍扩大：大约有一半的国家（地区）显示差距缩小，其余国家（地区）显示差距扩大。

▶ 表3.1　部分经济体临时工和非临时性就业人员的就业状态变化（2021年第一季度之后未就业的雇员的失业比例）

单位：%

经济体	临时工				非临时性就业人员			
	2020年第二季度	2020年第三季度	2020年第四季度	2021年第一季度	2020年第二季度	2020年第三季度	2020年第四季度	2021年第一季度
阿根廷	42		22	23	17		12	12
玻利维亚	49	31			12	9		
巴西	22	29	31	37	14	20	23	31
智利	73	70	61		54	75	50	
哥斯达黎加	49	50	40	38	20	22	26	34
墨西哥	33	24	20	21	12	11	10	10
北马其顿	26	17			15	4		
巴勒斯坦被占领土	26	23			9	8		
波兰	9	10	10		3	4	4	
葡萄牙	17	19	16		3	4	4	
塞尔维亚	13				2			
斯洛伐克	13				5			
英国	12				2			
未加权平均值	30	30	29	30	13	17	18	22
未加权中位数	26	24	22	30	12	9	12	22

注：该表显示了2020年第一季度临时工（左）和非临时性就业人员（右）在随后几个季度转为失业的情况，未包括向其他就业形式转变的情况（如劳动力从临时性就业转向非临时性就业，从有偿带薪工作转向自雇劳动）。该表仅限于劳动力调查和家庭调查包含了纵向标识符的国家（地区）。空白处表示缺少相关数据。

资料来源：国际劳工组织统一微观数据库。

西班牙为例，金融危机期间临时性就业减少了26%，而长期就业仅减少了8%。希腊的临时性就业人口减少了28%，长期就业人口减少了17%（Eurofound，2015）[①]。在其他国家（地区），如爱尔兰（2011~2012年）、孟加拉国（2010年）和韩国（1998年），金融危机之后，经济低迷导致企业增加短期临时性就业替代长期聘用，以便在经济不确定的情况下保持劳动力成本灵活可控（ILO，2016a）。然而，这些变化主要发生在疫情初期，反映出解聘临时工比解聘长期雇员更容易。一个关键的发现是，随着危机的

持续，欧洲临时工整体的下岗速度与长期雇员接近。这表明尽管临时工在危机发生后最早失去工作，但随着疫情的持续，长期雇员也将遭到解聘。

3.2.2　临时工劳动力市场变化

关于新冠肺炎疫情影响的可用证据显示，流失的临时工被更多涌入的就业人口所抵消，因而临时性就业总体变化很小。通过扩大转移矩阵来检视临时和非临时员工以及无业人口

---

① 需要注意的是，关于全球金融危机对临时性就业影响的大部分证据来源于欧洲的案例研究。然而，相关发现不一定能代表发展中经济体，因为临时性就业在发展中经济体的角色与欧洲不同，并与不正式性紧密相关；相关发现也不一定适用于美国等其他发达经济体，因其与欧洲在就业保护立法方面存在显著差别。然而，相关研究确实揭示了危机对临时性就业的影响和临时性就业在危机期间的角色，这或许能够帮助我们评估能否在新冠危机期间观察到类似的趋势。

（失业者或退出劳动力队伍的人口），可以更好地认识研究结果。通过年度变化（2020年第一季度至2021年第一季度）控制季节性因素，明显看到临时工的失业比例总是更高，但不同经济体中存在差异。在这方面，疫情期间与疫情之前的趋势类似，说明临时工的就业状态变化是经济体和劳动力市场的普遍特征。

值得注意的是，2020年第一季度，只有32%左右的临时工在一年之后仍然是临时工。除此之外，大约29%的人失业，约27%的人为非临时性带薪就业，约13%的人从事自雇劳动（见图3.7）。继续从事临时性带薪工作的人口比例略高于上一年前（2019年第一季度至2020年第二季度）。需要注意的是，数据的可用性有限，无法对全球的状况进行分析。本部分的发现基于五个经济体（阿根廷、巴西、哥斯达黎加、墨西哥和南非），撰写本报告时，这些国家（地区）拥有2020年第一季度至2021年第一季度的纵向数据。上述分析仅反映早期趋势，不能代表全球或各区域的劳动力市场。

2021年第一季度，超过1/4的临时工此前从事的是非临时性（长期或"其他"）工作。在非临时员工中，67%的人仍从事非临时性工作，约20%处于无业状态，7%从事自雇劳动，6%从事临时性工作。尽管只有较小比例的非临时员工转入临时性就业，但从绝对数量来看，他们占了2021年第一季度所有临时工的1/4以上。这就解释了为什么临时性就业的比重相对稳定：尽管疫情期间大量临时工失去工作，但有较小比例的非临时员工转入临时性就业，部分抵消了临时工的流失。

可用数据表明，临时性工作能够为无业人员提供重要机会。在2020年第一季度所有无业人口中，约有3.5%的人在2021年第一季度从事临时性带薪工作。尽管转入临时性带薪就业的无业人口比重很小，但就绝对数字而言，他们占了2021年第一季度全部临时工的28%（见图3.8）。这样一来，失业的临时工的数量与转为临时工的无业人口的数量接近；这是临时性带薪就业的关键特征之一。

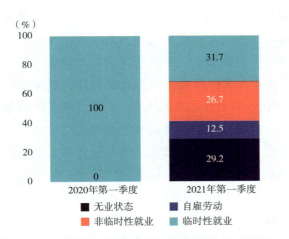

▶ **图3.7 2020年第一季度至2021年第一季度临时工去向**

注：五个具有2020年第一季度至2021年第一季度纵向标识符的国家（阿根廷、巴西、哥斯达黎加、墨西哥和南非）的未加权平均值。选择这些国家是基于撰写本报告时数据的可得性，不代表全球或任何区域。只有墨西哥的临时性就业率高于全球平均水平，其余的都略低于全球平均水平。

资料来源：国际劳工组织统一微观数据库。

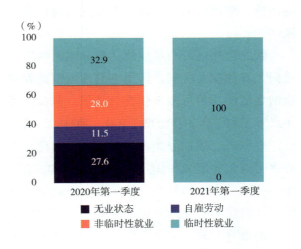

▶ **图3.8 2020年第一季度的临时工在2021年第一季度的就业状态**

注：五个具有2020年第一季度至2021年第一季度纵向标识符的国家。

资料来源：国际劳工组织统一微观数据库。

▶ 3.3 复苏前景

以往危机中，在经历了主要冲击和裁员之后，临时工的聘用将会增加。欧洲的数据证明，负面需求冲击会导致临时工的使用增多，因为严格的法律使企业做出调整的成本非常高，使用临时工则为其提供了缓解冲击的办法（Lydon, Matha and Millard, 2019）。2008~2009年金融危机期间，短期工人高发行业的就业周期变化明显较小（Lydon, Matha and Millard, 2019）。在德国，研究发现更多使用临时工的企业，能够更好地应对需求下降（Baumgarten and Kvasnicka, 2016）。然而在需求冲击发生后，更多地使用临时工并非没有挑战。以荷兰为例，全球金融危机之后，企业增加了临时工的聘用。然而，临时工的使用带来了可持续性方面的内在挑战，这种挑战在管理、角色定位和工人融合方面表现得尤其突出（de Jong, Wilkin and Rubino, 2019）。这些挑战表明，在危机之后通过使用临时工应对不确定性并不是一项可持续的措施，危机后采用这种用工模式可能存在周期性。

除此之外还有一项挑战：部分临时性工作被归入其他就业类别，因而它们在疫情期间和疫情之后的作用可能未被充分认识。例如，近年来零工和平台工作激增（ILO, 2021b）。这导致许多临时工被划分为自雇劳动者。因此，有必要明确相关定义和衡量标准，以便理解临时工在劳动力市场和经济中的角色，协助作出有针对性的政策反应。第20届国际劳工统计学家会议上通过的关于工作关系的新决议将为未来提高数据可用性和协调性提供空间。

与以往危机不同，此次疫情期间青年的临时性就业率一直相对稳定。2008~2009年全球金融危机期间和之后，欧盟地区青年的临时性就业增长速度高于成人（ILO, 2012）。与之形成对比的是，在此次疫情的第一年（2020年第二季度至第四季度），欧盟27国青年就业人口中临时工的比重保持了相对稳定，之后显示出增长迹象，而成人的临时性就业比重一直较为稳定。例如，2021年第一季度，欧盟27国青年就业人口中临时工的比重为47.8%，高于2020年第一季度的45.8%。现在判断这种增长是否会成为疫情后欧洲劳动力市场的结构性特征还为时过早。在所有具有2021年第一季度数据的其他国家（地区），除了加拿大和秘鲁，青年的临时性就业比重都比前一年增加了。

经济复苏阶段临时性工作可能增加，主要集中在低技能和中等技能职业。58个具有可用季度数据的国家（地区）的加权平均值表明，高技能职业的就业者成为临时工的可能性最小，仅占了临时工总数的15%（根据每个国家和地区最新的可用数据计算）。此外，中等技能就业者占了53.5%，低技能就业者占了31.2%（见图3.9）。从疫情前临时工的特点来看，在复苏阶段，低技能和中等技能职业的临时性就业可能会增加。

各类临时性工作因经济活动、职业、性别和年龄的不同存在很大差异，也影响着经济复苏。考虑到此次危机的冲击高度集中在经济活动的特定领域，复苏在很大程度上取决于行业层面。图3.10根据《世界就业和社会展望2021年趋势》（ILO, 2021a），列举了受危机影响格外严重的部分行业及其疫情前的临时就业人口比重和临时就业率。图3.10不仅体现了疫情的影响（一些关键行业的临时性就业比重较高），也说明了这些行业在复苏期间临时性就业的前景。

制造业是临时性工作的主要来源之一，但也成为疫情初期受冲击最严重的行业之一。起初是由于供应链中断，然后是因为需求下降。危机前，制造业中超过1/4的员工为临时工，占了临时就业总人口的20%。尽管制造业中许多临时工因为疫情失去工作，考虑到疫情前该行业的特点以及全球产业链上临时工所面临的持续的不确定性，该行业经济活动的恢复将带来更多的临时性就业。与之相似，建筑业中超过46%的工人属于临时工，他们中的许多人在疫情中失去工作。在有些国家（地区），移民工人构成了建筑业（以及其他行业）劳动力队伍的重要力量，持续的旅行和跨境流动限制阻碍了他们填充空缺岗位，无论是作为长期雇员还是作为临时雇员[①]。

服务业中临时性就业能否大幅增加取决于关键服务行业的复苏能力。在食宿服务活动中，将近1/3的员工为临时工（见图3.10）。由于地区封锁和其他防控措施，该行业（包括旅游服务业）广泛失业，可能会导致大量临时工失去工作。然而，鉴于许多经济体持续限制旅行和跨境流动，经济复苏前景尚不明朗。卫生和社会工作是受到疫情影响的一个关键行业，尤其是从接触新冠肺炎病毒风险的角度来看。疫情前，该行业大约1/6的从业者为临时工。由于无法获得与长期员工同等的福利，部分行业的临时工面临严重风险。

▶ **图3.9** 部分经济体按职业技能水平划分的临时性就业分布和临时工在总就业人口中的占比

注：2011~2019年有可用年度数据的国家（地区）最近一年的就业人口加权平均值（n = 90）。

资料来源：国际劳工组织统一微观数据库。

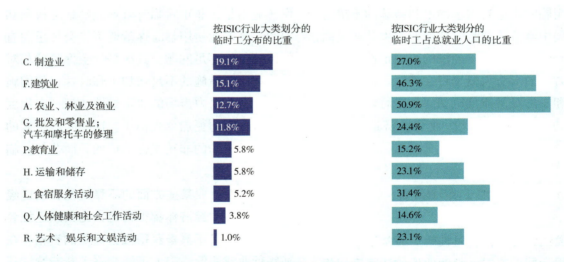

▶ **图3.10** 危机前部分经济体按行业划分的临时性就业分布和临时工在总就业人口中的比重

注：2011~2019年有可用年度数据的国家（地区）最近一年的就业人口加权平均值（n = 90）。行业按照《所有经济活动的国际标准行业分类》（ISIC）大类划分。

资料来源：国际劳工组织劳工统计数据库（ILOSTAT）。

---

① 许多移民工人通过职业介绍所和招聘机构成为临时工。尽管这些移民工人的工作通常是临时性的，但这类机构属于"多方就业安排"类别（见图3.1），故未包含在本分析中。

▶ 3.4　对工人、企业和宏观经济的影响

新冠肺炎疫情对所有类型的工作都造成了影响。可用数据显示，疫情同时破坏和创造了临时性工作，因此使得临时性就业率呈现较为稳定的状态。以往的危机表明，尽管临时工经常在危机初期（由于不再续约）失去工作，但由于他们所在产业工人轮换率高，他们可能比长期雇员更快地找回工作。过去的20年里，临时就业率稳步升高（见前文"临时性就业的背景"）。新冠肺炎疫情是否会加快临时性就业的结构性增长（见第1章），还是仅仅导致长期的周期性波动，现在做出论断还为时过早。

以往的危机经验表明，在复苏的初期阶段临时性就业将大幅增加。全球金融危机的证据表明，在经济前景持续不确定的情况下，公司更倾向于将临时性就业作为使劳动力成本保持灵活的手段（ILO，2016a）。那些在疫情之前临时就业率已经很高的产业和行业，尤其可能通过使用临时工应对需求冲击和持续的不确定性。发展中经济体的临时性就业率本就明显高于发达经济体，伴随着经济的不确定性，更多聘用临时工的形势大概率将会持续。在发展中经济体和发达经济体危机期间和之后采用临时性就业方式将对工人、企业和经济造成不同影响。

3.4.1　对工人的影响

在发达经济体，临时性就业通常采用签订固定期限合同的方式，与就业保护法律密切相关，既发挥积极作用也带来消极影响。临时性就业为个人进入不同职业或不同工作岗位提供了途径，对初次参加工作的就业者来说尤其如此。它使求职者有机会在新公司积累经验，在工作岗位上学习，是求职者最终获得稳定工作的垫脚石[①]。对其他人而言，它提供了建立网络、增加曝光、积累经验和获得更多长期工作的途径。

在发展中经济体，比起就业保护立法，工人们更关心工作期间和工作空档期的脆弱性。在发展中经济体，临时性就业更加广泛，与非正式性紧密相关。就业保护立法或许已经就位，但未必得到遵守和有效执行。无论是采取签订固定期限劳动合同还是承担零散工作的方式，临时性就业非常普遍。农业的零散就业，特别是非正式就业，尤其常见。然而在某些情况下，临时性工作在正式就业中的比重也在增加（如参见Araújo and Sánchez，2016）。临时性就业的出现，无论是产业、职业或经济的结构性必然产物，还是周期性的，都有可能给工人造成不利影响。这首先是因为发展中经济体的体面工作普遍不足，非正式临时就业人员缺乏权利和福利，更多地使用临时性就业可能会加重固有的体面工作不足问题。其次是社会保障的相对欠缺和应急措施的不足增加了临时性工作的脆弱性。当劳动力市场的非正式性达到一定程度时，这些问题更加令人担忧。这些问题更多的是由这类工作的非正式性造成的，而非与其临时性特点有关。

临时性就业某些方面的不稳定性在发达经济体和发展中经济体都很常见，比如缺乏社会保障或者员工不具备获得社会保障的资格。在某些行业或职业，工人可能会陷入断断续续从事临时性工作的无限循环中。他们不得不应对缺乏固定收入、就业不稳定和社会保障不足等问题（ILO，2015），更不用说与同一家公司的长期员工相比，他们有着相同的同事和工作环

[①] 近期一项"垫脚石 vs. 死胡同"理论的元分析研究了临时性工作对未来劳动力市场表现的影响，发现大约32%的观察案例支持了临时性就业是获得稳定就业岗位的途径的这一假设（Filomena and Picchio，2021）。该研究还发现，约45%的观察结果符合"死胡同"假设，即临时性就业不一定是获得稳定就业岗位的途径（约23%的受访者的调查结果含糊不清或不一致）。

境，做着同样的工作，却不能享有同等的经济和社会福利。临时工和长期雇员的主要差别之一在于前者在多大程度上享受社会保障。当工人断断续续地从事临时性工作时，并不总是能够获得社会保障，而且他们还往往在失业队伍或从事自雇劳动之间辗转。

临时工获得的报酬通常比长期雇员更少。对59个拥有可用数据的国家（地区）分析发现，即便在控制年龄、性别和教育程度等变量的情况下，临时工的工资仍存在显著差别，低了大约26%（月工资中位数）或18%（小时工资中位数）。这在一定程度上可以解释为，临时性就业更加不稳定，其议价能力更弱，这也符合二元劳动力市场的概念，即临时工与具有稳定、全职和无固定期限工作的雇员之间形成分割。其他造成临时工工资较低的因素包括：现行的议价系统、临时工就业的非正式程度较高以及未能较好遵守非正式工人最低工资相关规定（ILO，2020）。

最终的结果是，临时工通常面临更多不确定性，在劳动收入占比下降、工会化程度降低、工人声音进一步削弱的背景下尤其如此。工作期限固定或较短损害了工作的稳定性，频换地更换工作不利于获得固定收入，鉴于其贡献不稳定，临时工可能没有资格领取公司福利，甚至没有资格获得社会保护。临时工也不太可能像长期员工一样从岗位培训中受益，这又减少了他们职业发展的机会。劳动收入占比的下降（见第2章）和工会入会率的下降正在削弱员工的议价能力。与此同时，更多地聘用临时工将使工会入会率进一步下降，因为临时工加入工会的意愿更弱（ILO，2021c）。此外，非正式就业和临时性就业之间存在明显重叠，两者都加剧了就业的不稳定性。有关贫困、雇佣合同和劳动力状态相互关系的证据显示，临时工是最容易陷入贫困的群体之一（ILO，2015）。

3.4.2　对企业的影响

通过签订临时就业合同，企业能够灵活地聘用和解聘工作人员，进而在面对短期的需求起伏时及时调整工作力量。借助这种方式还可以为潜在的全职新员工设定试用期。对包括初创公司和新公司在内的其他公司而言，在缺乏资金或无法做出长期安排的情况下，临时性就业为其提供了一种风险更低的建立劳动力队伍的办法。借助这些方式，公司可以通过聘用临时工来降低劳动力成本（Lydon，Matha and Millard，2019）。

临时性就业在不同产业中普遍存在，将促使出台不同的疫情应对措施以支持企业。临时性工作在全球供应链及国内生产中都非常普遍（ILO，2015）。例如，在服装制造业，生产随着季节波动（World Solidarity，2009）[①]，借助临时用工合同，企业能够短期地、季节性地聘用工人。这种做法能够支持行业生存，但同时也引来批评。有证据显示，在发展中国家（地区）企业使用临时工的情况可以分为两类：一类是密集使用，另一类是适度使用。公司如何使用临时性就业不仅对其经营方式而言至关重要，还反映了相关国家（地区）临时工所处的宏观环境（Aleksynska and Berg，2016）。危机期间，各类响应政策有空间支持大量使用临时工的行业（包括制造业和建筑业）开展短期工人计划，以维持产出和防止出现更大规模的失业（Lydon，Matha and Millard，2019）。然而，更具有可持续性的政策反应是通过抑制使用临时性就业，减少其对工人和社会各界的负面影响。例如，可以通过撤销长期就业相关的法规或重新制定临时性就业相关的法规，消除长期雇员和临时工在法律法规方面的地位差别（Eichhorst，Marx and Wehner，2017）。一项针对发展中国家（地区）临时性劳动力需求的研究表明，阻止公司使用临时工的最强有力的办

---

① 例如，在印度和巴基斯坦，临时工和工作安排不明的工人占服装、纺织和鞋类行业雇员的90%以上，这一比例在孟加拉国、柬埔寨和缅甸达到50%以上（ILO，即将出版）。

法就是禁止通过签订固定期限合同聘用雇员从事更适合长期雇员的工作（Aleksynska and Berg，2016）。

临时工比重较高的分割的劳动力市场对公司并不总是有利。临时工离职率高，意味着公司将放弃投资员工技能和培训，放弃积累组织管理知识和经验。招聘流程既昂贵又耗时，还会分散企业核心经营活动的注意力。学徒制和学员制使企业能够挑选表现最好的员工，也节约了之后的招聘成本。高离职率还会影响员工士气，不利于留住有价值的长期员工。确有证据表明，临时性就业不利于提高生产效率（Lisi and Malo，2017）。有一些企业滥用临时性就业合同，将连续使用临时工作为逃避法律规定的员工权益的手段。相关工人经常反复进入和退出临时性工作，与长期雇员相比，他们获得的社会保障福利更少，加入工会的可能性也更小（ILO，2016a）。这种策略对企业自身来说也存在弊端，导致其技能发展和创新受到损害（OECD，2011；Moric et al.，2021）。

临时性就业为企业提供了灵活性，甚至支持了企业生存，但也存在不利影响，其中包括损害员工的工作条件。无论临时性就业是否会延续长期上升的趋势，它仍将普遍存在于各行各业；在疫情后复苏的初期，无论临时性就业的使用是否会增多，企业在考虑使用临时性就业方式时需要平衡好对工人的影响。

3.4.3 对宏观经济的影响

使用临时性就业不仅对工人和公司有影响，也同样影响着宏观经济，包括劳动力市场的运作。临时性就业能够缓解失业，为无业人员提供短期的工作机会，从而维持较好的就业率。然而，这种影响可以被视为"蜜月效应"（Boeri and Garibaldi，2007）：临时性就业能够在短期内促进就业增长，在宏观经济条件积极稳定的情况下，这种作用尤其明显（ILO，2016a）；但是在经济衰退期间，它不仅起不到上述积极作用，如果鼓励聘用临时工从事更适合长期雇员的工作，还会损害长期就业。

广泛使用临时性就业可能会造成劳动力市场分割，这样一来劳动力市场不仅将对工人和雇主产生次优结果，还可能阻碍生产率的长期增长。如前文所述，长期使用临时性就业将阻碍技能发展和创新，不仅会危害工人和企业，也不利于经济生产率的长期增长。此外，尽管工作内容相似，长期员工享有更有利的工作条件和更好的福利，而临时工的工作条件较差且地位更不稳定，劳动力市场的分割将扩大两者之间的差距。在这种状况下，劳动力市场中的一个分割子市场将更多地吸收经济调整带来的冲击，从而加剧就业和失业波动（ILO，2016a）。

▶ 3.5 结论

本章根据新冠肺炎疫情的早期证据，讨论了临时性就业的趋势及其对临时工的影响。临时性就业具有显著的结构性原因，但经济的不确定性会促使企业在危机期间更多地使用临时性就业。在有可用数据的国家（地区），有迹象显示自疫情发生以来，临时工的劳动力市场发生了显著变化，但变化趋势与疫情发生前一年类似。这些变化对工人、企业和宏观经济的影响是长期的，并不一定与本次危机相关。临时性就业虽然为企业和工人带来了好处，但同时也给二者造成负面影响。尽管对于怎样最好地平衡灵活性和稳定性尚无一致意见，但可以采取措施，抑制企业借助临时性就业从事更适合长期雇员的任务，避免企业将临时性就业作为规避适用于长期雇员的法律法规的手段。

参考文献

▶ Aleksynska, Mariya, and Janine Berg. 2016. *Firms' Demand for Temporary Labour in Developing Countries: Necessity or Strategy*. ILO. https://www.ilo.org/wcmsp5/groups/public/---ed_protect/---protrav/---travail/documents/publication/wcms_492724.pdf.

▶ Araújo, Edilberto Rodríguez, and Lina Marleny López Sánchez. 2016. "El Empleo Temporal en la Industria Colombiana, 2000–2013". Semestre Económico 19 (39): 31–60.

▶ Baumgarten, Daniel, and Michael Kvasnicka. 2016."Temporary Agency Work and the Great Recession", IZA Discussion Paper No. 9913. https://ftp.iza.org/dp9913.pdf.

▶ Boeri, Tito, and Pietro Garibaldi. 2007. "Two Tier Reforms of Employment Protection Legislation: A Honeymoon Effect?" *Economic Journal* 117 (521): 357–385.

▶ de Jong, Jeroen P., Christa L. Wilkin, and Cristina Rubino. 2019. "The Association between Perceived Personal Power, Team Commitment and Intrinsic Motivation for Permanent and Temporary Workers". *Economic and Industrial Democracy* 40 (2): 257–279.

▶ Eichhorst, Werner, Paul Marx, and Caroline Wehner. 2017. "Labor Market Reforms in Europe: Towards More Flexicure Labor Markets?" *Journal for Labour Market Research* 51 (3).

▶ Eurofound. 2015. *Recent Developments in Temporary Employment: Employment Growth, Wages and Transitions*. Luxembourg: Publications Office of the European Union. https://www.eurofound. europa.eu/publications/report/2015/labour-market/recent-developments-in-temporaryemployment-employment-growth-wages-and-transitions.

▶ Filomena, Mattia, and Matteo Picchio. 2021. "Are Temporary Jobs Stepping Stones or Dead Ends? A Meta-analytical Review of the Literature", IZA Discussion Paper 14367.

▶ Guest, David E., and Kerstin Isaksson. 2019. "Temporary Employment Contracts and Employee Well-Being during and after the Financial Crisis: Introduction to the Special Issue". *Economic and Industrial Democracy* 40 (2): 165–172.

▶ ILO. 2012. *Global Employment Trends for Youth 2012*. https://www.ilo.org/wcmsp5/groups/public/---dgreports/---dcomm/documents/publication/wcms_180976.pdf.

▶ ———. 2015. *World Employment and Social Outlook 2015: The Changing Nature of Jobs*.

▶ ———. 2016a. *Non-standard Employment around the World: Understanding Challenges, Shaping Prospects*. https://www.ilo.org/wcmsp5/groups/public/---dgreports/---dcomm/---publ/documents/publication/wcms_534326.pdf.

▶ ———. 2016b. "Women in Non-standard Employment", INWORK Issue Brief 9. https://www. ilo.org/wcmsp5/groups/public/---ed_protect/---protrav/---travail/documents/publication/wcms_556160.pdf.

▶ ———. 2018a. *Statistics on Work Relationships. 20th International Conference of Labour Statisticians*. Geneva. https://www.ilo.org/wcmsp5/groups/public/---dgreports/---stat/documents/publication/wcms_644596.pdf.

▶ ———. 2018b. Resolution concerning statistics on work relationships.

▶ ———. *2020. Global Wage Report 2020/21: Wages and Minimum Wages in the Time of COVID-19*.https://www.ilo.org/wcmsp5/groups/public/---dgreports/---dcomm/---publ/documents/publication/wcms_762534.pdf.

▶ ———. 2021a. *World Employment and Social Outlook: Trends 2021*. https://www.ilo.org/wcmsp5/groups/public/---dgreports/---dcomm/---publ/documents/publication/wcms_795453.pdf.

▶ ———. 2021b. *World Employment and Social Outlook 2021: The Role of Digital Labour Platforms in Transforming the World of Work*. https://www.ilo.org/wcmsp5/groups/public/---dgreports/---dcomm/---publ/documents/publication/wcms_771749.pdf.

▶ ———. 2021c. "Trade Unions in Transition: What Will Be Their Role in the Future of Work?"*InfoStories* (blog), July 2021. https://www.ilo.org/infostories/en-GB/Stories/Labour-Relations/tradeunions.

▶ ———. Forthcoming. *Employment, Wages and Productivity in the Asian Garment Sector: Taking Stock of Recent Trends*. Bangkok.

▶ Lisi, Domenico, and Miguel A. Malo. 2017. "The Impact of Temporary Employment on Productivity". *Journal for Labour Market Research* 50: 91–112.

▶ Lydon, Reamonn, Thomas Y. Mathä, and Stephen Millard. 2019. "Short-Time Work in the Great Recession: Firm-Level Evidence from 20 EU Countries". *IZA Journal of Labor Policy* 8.

▶ Molina, Pamela Caro. 2012. "Magnitud y Características de la Participación Laboral en el Empleo Temporal Agrícola en Chile". *Si Somos Americanos* 12 (2).

▶ Moric, Ilija, Sanja Pekovic, Đurđica Perović, Vasja Roblek, and Mirjana Pejic Bach. 2021. "Temporary Workers and Firm Performance: Empirical and Systematic Approaches from Eastern and Central European Countries". *Kybernetes* 50 (5): 1075–1094.

▶ OECD (Organisation for Economic Co-operation and Development). 2011. "Workforce Skills and Innovation: An Overview of Major Themes in the Literature", OECD Directorate for Science, Technology and Industry (STI) Working Paper.

▶ World Solidarity. 2009. "Short Term Contracting in the Asian Garment Industry", Policy Paper for the International Campaign "Equal Treatment for Short-Term Contract Workers".

附录

▶ 附录A　按区域和收入水平划分的国家（地区）分组

非洲	美洲	亚洲和太平洋地区	欧洲和中亚
北非 阿尔及利亚 埃及 利比亚 摩洛哥 苏丹 突尼斯 西撒哈拉 **撒哈拉以南非洲** 安哥拉 贝宁 博茨瓦纳 布基纳法索 布隆迪 喀麦隆 佛得角 中非共和国 乍得 科摩罗 刚果 科特迪瓦 刚果民主共和国 吉布提 赤道几内亚 厄立特里亚 斯威士兰 埃塞俄比亚 加蓬 冈比亚 加纳 几内亚 几内亚比绍 肯尼亚 莱索托 利比里亚 马达加斯加 马拉维 马里 毛里塔尼亚 毛里求斯 莫桑比克 纳米比亚 尼日尔 尼日利亚 卢旺达 圣多美和普林西比 塞内加尔 塞拉利昂 索马里 南非 南苏丹 多哥 乌干达 坦桑尼亚 赞比亚 津巴布韦	**拉丁美洲和加勒比地区** 阿根廷 巴哈马 巴巴多斯 伯利兹 玻利维亚 巴西 智利 哥伦比亚 哥斯达黎加 古巴 多米尼加共和国 厄瓜多尔 萨尔瓦多 危地马拉 圭亚那 海地 洪都拉斯 牙买加 墨西哥 尼加拉瓜 巴拿马 巴拉圭 秘鲁 波多黎各 圣卢西亚 圣文森特和格林纳丁斯 苏里南 特立尼达和多巴哥 美属维尔京群岛 乌拉圭 委内瑞拉 **北美洲** 加拿大 美国 <hr>**阿拉伯国家** 巴林 伊拉克 约旦 科威特 黎巴嫩 巴勒斯坦被占领土 阿曼 卡塔尔 沙特阿拉伯 叙利亚 阿联酋 也门	**东亚** 中国 朝鲜 日本 蒙古国 韩国 中国香港 中国澳门 中国台湾 **东南亚** 文莱 柬埔寨 印度尼西亚 老挝 马来西亚 缅甸 菲律宾 新加坡 泰国 东帝汶 越南 **太平洋地区** 澳大利亚 斐济 法属波利尼西亚 关岛 新喀里多尼亚 新西兰 巴布亚新几内亚 萨摩亚 所罗门群岛 汤加 瓦努阿图 **南亚** 阿富汗 孟加拉国 不丹 印度 伊朗 马尔代夫 尼泊尔 巴基斯坦 斯里兰卡	**北欧、南欧和西欧** 阿尔巴尼亚 奥地利 比利时 波黑 海峡群岛 克罗地亚 丹麦 爱沙尼亚 芬兰 法国 德国 希腊 冰岛 爱尔兰 意大利 拉脱维亚 立陶宛 卢森堡 马耳他 黑山 荷兰 北马其顿 挪威 葡萄牙 塞尔维亚 斯洛文尼亚 西班牙 瑞典 瑞士 英国 **东欧** 白俄罗斯 保加利亚 捷克 匈牙利 波兰 摩尔多瓦 罗马尼亚 俄罗斯联邦 斯洛伐克 乌克兰 **中亚和西亚** 亚美尼亚 阿塞拜疆 塞浦路斯 格鲁吉亚 以色列 哈萨克斯坦 吉尔吉斯斯坦 塔吉克斯坦 土耳其 土库曼斯坦 乌兹别克斯坦

高收入国家（地区）	中等偏上收入国家（地区）	中等偏下收入国家（地区）	低收入国家（地区）
澳大利亚	阿尔巴尼亚	安哥拉	阿富汗
奥地利	阿尔及利亚	孟加拉国	布基纳法索
巴哈马	阿根廷	伯利兹	布隆迪
巴林	亚美尼亚	贝宁	中非共和国
巴巴多斯	阿塞拜疆	不丹	乍得
比利时	白俄罗斯	玻利维亚	朝鲜
文莱	波黑	柬埔寨	刚果民主共和国
加拿大	博茨瓦纳	喀麦隆	厄立特里亚
海峡群岛	巴西	佛得角	埃塞俄比亚
智利	保加利亚	科摩罗	冈比亚
克罗地亚	中国	刚果	几内亚
塞浦路斯	哥伦比亚	科特迪瓦	几内亚比绍
捷克	哥斯达黎加	吉布提	利比里亚
丹麦	古巴	埃及	马达加斯加
爱沙尼亚	多米尼加共和国	萨尔瓦多	马拉维
芬兰	厄瓜多尔	斯威士兰	马里
法国	赤道几内亚	加纳	莫桑比克
法属波利尼西亚	斐济	海地	尼日尔
德国	加蓬	洪都拉斯	卢旺达
希腊	格鲁吉亚	印度	塞拉利昂
关岛	危地马拉	印度尼西亚	索马里
中国香港	圭亚那	伊朗	南苏丹
匈牙利	伊拉克	肯尼亚	苏丹
冰岛	牙买加	吉尔吉斯斯坦	叙利亚
爱尔兰	约旦	老挝	多哥
以色列	哈萨克斯坦	莱索托	乌干达
意大利	黎巴嫩	毛里塔尼亚	也门
日本	利比亚	蒙古国	
科威特	马来西亚	摩洛哥	
拉脱维亚	马尔代夫	缅甸	
立陶宛	毛里求斯	尼泊尔	
卢森堡	墨西哥	尼加拉瓜	
中国澳门	黑山	尼日利亚	
马耳他	纳米比亚	巴勒斯坦被占领土	
荷兰	北马其顿	巴基斯坦	
新喀里多尼亚	巴拿马	巴布亚新几内亚	
新西兰	巴拉圭	菲律宾	
挪威	秘鲁	萨摩亚	
阿曼	摩尔多瓦	圣多美和普林西比	
波兰	罗马尼亚	塞内加尔	
葡萄牙	俄罗斯联邦	所罗门群岛	
波多黎各	圣卢西亚	塔吉克斯坦	
卡塔尔	圣文森特和格林纳丁斯	东帝汶	
韩国	塞尔维亚	突尼斯	
沙特阿拉伯	南非	乌克兰	
新加坡	斯里兰卡	坦桑尼亚	
斯洛伐克	苏里南	乌兹别克斯坦	
斯洛文尼亚	泰国	瓦努阿图	
西班牙	汤加	越南	
瑞典	土耳其	西撒哈拉	
瑞士	土库曼斯坦	赞比亚	
中国台湾	委内瑞拉	津巴布韦	
特立尼达和多巴哥			
阿联酋			
英国			
美国			
美属维尔京群岛			
乌拉圭			

▶ 附录B　国际劳工组织模拟估算

《世界就业和社会展望》中的所有全球和区域劳动力市场估算值均来自国际劳工组织2021年11月的模型估算。国际劳工组织设计了一系列计量经济学模型，并对其进行积极维护，用于估算无法获得国家（地区）报告数据的国家（地区）和年份的劳动力市场指标数据。为数据缺失的国家（地区）估算劳动力市场指标的目的是获得平衡的面板数据，以便每年都能计算出具有一致国家（地区）覆盖范围的区域和全球总数据。通过这种方式，国际劳工组织能够分析全球和区域层面关键劳动力市场指标和相关趋势的估算值。此外，由此产生的国家（地区）层面的数据（包括报告的和估算观察值）构成了一套独特的、具有国际可比性的劳动力市场指标数据集。

数据收集和评估

国际劳工组织的模拟估算一般涉及189个国家和地区，并根据性别和年龄适当分类。在运行模型以获得估算值之前，国际劳工组织统计部的劳动力市场信息专家与研究部合作，评估现有的国家报告数据，只选择被视为在各国之间具有充分可比性的观察值。国际劳工组织最近致力于根据国家（地区）报告的微观数据编制统一指标，这大大提高了观察结果的可比性。尽管如此，仍有必要根据以下四个标准选择数据：（1）数据源类型；（2）区域覆盖面；（3）年龄组覆盖面；（4）方法上的缺陷或异常值的存在。

第一个标准是指为了将劳动力市场数据纳入特定模型，这些数据必须来自劳动力调查、家庭调查或人口普查（这种情况比较少见）。各个国家（地区）的劳动力调查大体相似，而且数据质量最高，因此从这些调查中获得的数据比从其他来源获得的数据更具可比性，在选择过程中将严格优先考虑基于劳动力调查的数据。然而，许多发展中国家（地区）缺乏开展劳动力调查的资源，只能根据其他类型的家庭调查或人口普查获得劳动力市场信息。因此，为了平衡数据可比性和数据覆盖面这两个相互冲突的目标，模型中包含了一些非劳动力调查的家庭调查数据，在少数情况下也包含基于人口普查的数据。

第二个标准是指只包括全国性（不受区域限制）的劳动力市场指标。那些只反映城市或农村地区的观察值不被纳入，因为农村和城市劳动力市场之间通常存在很大差异，仅使用农村或城市数据会出现与GDP等基准数据不一致的情况。

第三个标准是指观察数据所涵盖的年龄组必须在各国之间有足够的通用性。各国报告不同年龄组的劳动力市场信息，所选年龄组可影响某一特定劳动力市场指标的观察值。

第四个标准仍然与如何从给定模型中排除数据有关，即是否存在方法上的缺陷，或者某个特定数据点是否明显为异常值。在这两种情况下，既要采用尽可能多的数据，也要注意数据中是否可能包含扭曲结果的观察值，做到在二者之间取得平衡。在这一过程中，需要特别注意现有元数据和获取所考虑数据点的基本方法。

如果出现了符合上述标准的更为精确的数据来源，则之前采用的输入数据被弃用，可以对历史估算值进行修正。

用于估算劳动力市场指标的一般方法

劳动力市场指标是通过一系列模型估算而得的。这些模型在观察到的劳动力市场指标和解释变量之间建立统计关系，这些关系用于估算缺失的观察值，并对指标进行预测。

潜在的统计关系很多，这些关系也被称为"模型设定"，可用于预测劳动力市场指标。获得准确无偏估计的关键是在每种情况下都能选择最佳的模型设定。国际劳工组织模拟估算通常依赖一种被称为"交叉验证"的程序，该程序用于确定可以使估算的预期误差和方差最小化的模型。该过程包括使用随机数据子集重复计算多个候选模型设定：预测缺失的观测值，并计算每次迭代的预测误差。评估每个候选模型的基础是伪样本外均方根误差，尽管结果稳定性等其他指标的评估取决于模型。使用这种方法可以确定为某一给定劳动力市场指标提供最佳估计的统计关系。需要注意的是，实现此目的最合适的统计关系可能因国家（地区）而异。

新冠危机给全球劳动力市场带来异常严重的破坏。在这种情况下，国际劳工组织模拟估算所依据的一系列模型不再适合估计和预测劳动力市场指标的演变，因此对估算方法进行了调整，并在建模过程中引入了针对新冠危机的解释变量。

国际劳工组织模拟估算的基准是联合国《世界人口展望》2019年修订版，该报告提供了按5岁为组距进行分组的总人口估算值和预测值。适龄劳动人口包括年满15岁的所有人。

用于估算所有指标的模型遵循相同的基本方法，但由于基础数据的具体特征不同，各种模型之间存在差异。下面将对每种模型进行详细介绍。

用于估算截至2020年的历史劳动力市场指标的模型

对劳动力的估算

为劳动参与率（LFPR）模型输入的基本数据是按性别和年龄组划分的单年劳动参与率，其中后者包括两个组别（15~24岁和25岁以上）。基本的方法已经在伪样本外表现校对进行了广泛评估。不过，对于某些类型的缺失数据模式，劳动参与率模型和失业率模型是本部分中仅有的两个不执行自动化模型选择的模型。

线性插值用于填补可能采用这种程序的国家（地区）的缺失数据。鉴于劳动力参与率是一个非常持久的变量，执行该程序为合理情况，这并不奇怪。所有其他情况都要进行加权多元估算。根据广泛的经济相似性和地理邻近性进行综合选择，所有国家（地区）被分为九个估算组。基于数据结构和所用输入数据在不同国家（地区）之间的异质性，该模型使用了具有国家（地区）固定效应的面板数据。回归由劳动力调查可用性的降序加权。所使用的解释变量包括经济和人口变量。为了估算2020年的数据，使用了交叉验证法挑选能够将该年度预测误差最小化的模型。测试的模型中包含了与新冠肺炎疫情演变相关的高频指标的年度平均值。全球数据依据联合国《世界人口展望》的基准人口和劳动参与率计算而得。

通过对这些估算值进行重新平衡，确保通过人口统计细分加总得出的隐含的总比率与通过劳动力调查或估算得出的总比率相匹配。

对失业率的估算

该模型估算了按性别和年龄（15~24岁和25岁以上）划分的完整失业率面板数据集。对于报告了至少一项观测值的国家（地区）[1]，使用涉及国家（地区）固定效应的回归。利用三个模型，按照相等的权重共同估算出缺失值。模型的选择基于伪样本外均方根误差和结果的稳定性（对两个分量进行判断性评估）。对于没有报告观测值的国家（地区），通过交叉验证选择模型。一个区域内特定人口群体平均失业率的演变高度预示了该区域所属国家（地区）该特定人口群体失业率的演变。使用单独的交叉验证法，挑选出使2020年的预测误差最小化的模型。候选模型包括与新冠肺炎疫情演变相关的高频指标的年度平均值。

通过对这些估算值进行重新平衡，确保通过人口统计细分加总得出的隐含的总比率与通过劳动力调查或估算得出的总比率相匹配。

---

① 为了便于说明，我们在此抽象出这样一种解释：在给定国家（地区）和给定年份，某些人口统计群体有报告的观察结果，而其他群体则没有。

工作时间

每周工时与15~64岁人口的比率是估算数据缺失国家（地区）的目标变量。每周总工时由该比率乘以15~64岁人口的估算值得出。

对于2019年及之前的数值的估算，回归方法使用15~64岁人口在总人口中的占比、就业人口比率以及与时间相关的就业不足率来预测缺失值。对于未观察到这一指标的国家（地区），其截点估计为区域平均值和收入组平均值的组合。

估算截至2021年第三季度（含）的工时，使用的是国际劳工组织即时预测模型。该模型为数据驱动的统计预测模型，它利用高频指标的值实时或短暂滞后于发布时间预测目标变量的当前值。其具体目标变量是与2019年第四季度相比根据15~64岁人口调整后的工时变化（经季节性调整后）。该模型对根据15~64岁人口调整后的工时与上述基线相比的变化进行了估算。此外，以2019年第四季度的每周工时为基准，计算根据15~64岁人口调整后的工时变化量所对应的全职工作岗位数量。此基准还用于计算根据15~64岁人口调整后的平均工时的时间序列。

国际劳工组织即时预测模型使用多个数据来源，包括截至2021年第三季度的劳动力调查数据，以及零售、管理劳动力市场数据和信心调查数据等最新的高频经济数据。估算中还使用了《谷歌社区人员流动报告》的最新手机数据和新冠肺炎政府反应严厉指数（以下简称"牛津严厉指数"）的最新值。

该模型利用可获得的实时数据，估算这些指标与15~64岁人口人均工时之间的历史统计关系，并使用由此产生的系数预测根据15~64岁人口调整后的工时如何随着即时指标的最新观测值发生变化。基于多个候选关系的预测精度和转折点附近的表现评估多个候选关系，以构建加权平均即时数据。对于拥有经济活动相关的高频数据但缺乏关于目标变量自身数据或上述方法效果不佳的国家（地区），则使用估算系数和来自国家（地区）面板的数据进行估算。

其余国家（地区）则采用间接方法：这涉及从有直接即时预测值的国家（地区）中推断根据15~64岁人口调整后的工时的变化。该推断依据的是从《谷歌社区人员流动报告》观测到的流动性下降和牛津严厉指数，因为流动性下降幅度具有可比性且限制措施严厉程度相似的国家（地区），根据15~64岁人口调整后的工时下降情况也可能比较类似。其中使用了《谷歌社区人员流动报告》工作场所与"零售和娱乐"指数的平均值。使用主成分分析将严厉性和流动性指数合并为一个变量[1]。对于没有限制措施相关数据的国家（地区），则使用流动性数据（如有）和新冠肺炎发生率的最新数据，推断对根据15~64岁人口调整后的工时的影响。由于各国统计新冠感染病例的做法存在差别，故使用已故患者这一更为统一的概念作为疫情严重程度的代理变量。该变量为月平均值，但会根据Our World in Data在线数据库每天对数据进行更新[2]。最后，对于估算时没有可用数据的少数国家（地区），使用地区平均值估算目标变量。

按身份、职业和经济活动划分的就业分布估算

按身份、职业和经济活动（行业）划分的就业分布是对就业总数的估算，同时还按照性别分列。第一步，进行跨国回归，以确定在数据完全缺失的国家（地区）中每个就业相关类别的占比。此步骤使用人口统计、人均收入、经济结构和模型特定指标等信息，对估计的分布具有较高的预测力。每个类别的指标如下：

---

[1]   关于2021年前三个季度，针对发达国家（地区）还使用了哑变量，以解释工作场所流动性和严厉性对工时的不同影响，并对《谷歌社区人员流动报告》的数据进行了去趋势化处理。

[2]   Hannah Ritchie, Edouard Mathieu, Lucas Rodés-Guirao, Cameron Appel, Charlie Giattino, Esteban Ortiz-Ospina, Joe Hasell, Bobbie Macdonald, Diana Beltekian and Max Roser, "Coronavirus Pandemic（COVID-19）", Our World in Data, 2020.

▶ 身份指标来自盖洛普世界民意调查中雇主的工作指数;

▶ 职业指标是指某一特定职业的人最有可能从事的行业部门的增加值占比;

▶ 行业部门是指行业的增加值占比。

下一步将利用经济周期、经济结构和人口统计信息,估计每一类别占比的变化。第三步是估算每一类别占比在2020年和2021年的变化。最后,对估算值进行重新平衡,以确保单项占比的合计值达到100%。

所估算的行业根据国际劳工组织的特定分类计算,以确保联合国《所有经济活动的国际标准行业分类》(ISIC)第三版和第四版之间的最大一致性。行业A、B、C、F、G、I、K、O、P和Q对应第四版的分类。此外,还定义了以下综合行业:

▶ "公用事业"由D、E行业组成;

▶ "运输、储存和通信"由H、J行业组成;

▶ "房地产、商业和行政活动"由L、M和N行业组成;

▶ "其他服务"由R、S、T和U行业组成。

所估算的职业原则上与国际劳工组织1988年和2008年国际标准职业分类(ISCO-88和ISCO-08)的主要类别相对应。然而,各国对自给农业职业的分类不一致,有时甚至一个国家(地区)内不同年份的自给农业职业分类也不一致。根据ISCO-08,自给农民应归入职业分类第6类,即熟练农业工人。然而,一些自给农业发生率较高的国家(地区)报告显示,第6类工人的占比较低,但第9类(初级职业)工人的占比较高。这意味着,在经济结构非常相似的国家(地区)之间,第6类和第9类职业的占比可能存在很大差异。由于无法确定第6类和第9类之间的错误分类程度,为了获得一致

且具有国际可比性的分类,将第6类和第9类合并后再一起估算。

按经济阶层划分的就业估算

按经济阶层划分的就业估算值专为一部分国家(地区)编制。除人口、社会和经济变量外,该模型还使用了从失业、身份和经济活动模型中得出的数据作为输入值。

该方法包括两个步骤。第一步,使用总人口的经济阶层(以及其他解释变量)估计工人的各种经济阶层。此步骤基于这样一个事实:经济阶层在总人口中的分布与工作人口中的分布密切相关。总人口的经济阶层来自世界银行的PovcalNet数据库[①]。一般来说,经济阶层是根据消费来定义的,但在没有其他数据的特殊情况下,可以使用收入数据来定义。

获得第一步的估算值之后,第二步将估算既没有劳动人口经济阶层数据,也没有第一步估算值的观察数据。第二步通过交叉验证和随后的最佳表现模型选择,确保结果令人满意。

在当前版本的模型中,就业被细分为四个不同的经济阶层:按购买力平价计算,每日0~1.9美元、1.9~3.2美元、3.2~5.5美元以及5.5美元以上的工人。

用于预测劳动力市场指标的模型

国际劳工组织开发了估算和预测2021~2023年工时、就业、失业和劳动力情况的预测模型。第一步,预测工时。第二步,以预测得出的工时为基础同步预测就业、失业和劳动力。

预测工作时间

估算2021年第四季度工时采用的是危机恢复模型。该模型被规定为错误校正模型:

---

① 2020~2021年的贫困数据来源为世界银行, "Macro and Poverty Outlook: Country-by-Country Analysis and Projections for the Developing World"(2021), 并结合了世界银行估计的新冠肺炎对贫困的影响(2021年6月)。关于影响估算方法的讨论, 见Daniel Gerszon Mahler, Nishant Yonzan, Christoph Lakner, R. Andres Castaneda Aguilar and Haoyu Wu, "Updated Estimates of the Impact of COVID-19 on Global Poverty: Turning the Corner on the Pandemic in 2021?", World Bank Blogs(blog), 24 June 2021.

$$\Delta h_{(i,t)} = \beta_{(0,i)} + \beta_{(1,i)} \mathrm{gap}_{(i,t-1)} + \beta_2 \mathrm{gap}^2_{(i,t-1)}$$
$$+ \beta_3 h_{(i,t-1)} + \beta_4 \Delta \mathrm{GDP}_{(i,t)} \qquad （1）$$

"gap"指工时（h）相对于与中期趋势（trend）的缺口，$\mathrm{gap}_{(i,t)} = h_{(i,t)} - \mathrm{trend}_{(i,t)}$，其中工时趋势的演变由长期目标的几何平均值和当前工时的函数决定。目标变量 $\Delta h_{(i,t)}$ 是15~64岁人口人均工时变化。危机恢复机制通过缺口发挥作用，其参数 $\beta_{(1,i)}$ 和 β_2 决定着工时增长和缩小缺口的速度。按照模型的机制，缺口越大，工时的变化就越大。为了捕捉疤痕或迟滞现象，建模中使中期趋势根据参数 y_1 对缺口作出反应，但中期趋势也包含着根据参数 y_2 恢复到长期目标的成分。当长期目标实现时，国家（地区）特定常数 $\beta_{(0,i)}$ 的变化为零。

预测模型的参数尽可能以经验估算。利用多水平混合效应方法，以季度频率对截至2019年有合适数据的30个国家（地区）的式（1）进行估算，同时对缺口斜率参数的分布进行估算。这些估算是参数的基线估算。此外，还对参数 $\beta_{(1,i)}$，即疫苗接种对复苏速度的影响进行了估算。之后根据每个国家（地区）预期的疫苗接种进展，对这一参数进行了调整。

中等偏上和高收入国家（地区）的疤痕参数分别设为 $y_1 = 0.05$ 和 $y_2 = 0.9$，中等偏下和低收入国家（地区）分别设为 $y_1 = 0.02$ 和 $y_2 = 0.95$。这里的逻辑是，在后两类国家（地区），人们无奈选择低质量就业的可能性更大。这并不意味着长期经济活动中断对这些工人造成的伤害会减少；相反，从事低质量工作的时间越长，就越难重新获得高质量的工作。

预测就业、失业和劳动力

预测就业、失业和劳动力包括两个步骤。第一步，利用58个国家（地区）具有的2021年季度数据，提高该年估算值的精确度。第二步，利用预测模型按照年度频率来估算和预测其余国家（地区）的劳动力市场指标[①]。由于劳动力等于失业人口和就业人口的总和，只需要预测三个指标中的两个，就可以获得第三个指标的值。然而，由于高度的不确定性以及由此造成的预测值的巨大差异，我们对三个指标进行了重新平衡，以确保上述等式成立。

针对失业率的季度预测，除了经济增长即时预测数据外，还使用信心指数等高频数据，以测试一系列模型。借助上述模型搜索流程来评估这些模型，其中包括将数据分成训练样本和评估样本。由于季度失业率具有较高的序列相关性，需要将评估样本时间段之前和之后的观测值排除在估算范围之外，以确保培训样本独立于被评估的观测值。使用汉森和拉辛描述的"折刀模型平均"方法来组合模型[②]，基本上可以找到使预测误差方差最小化的模型线性组合。

就业和劳动力的季度预测模型侧重于就业人口的人均工时和劳动力的人均工时。这些比率受新冠危机影响严重，在广泛实施就业保留计划和强制休假的国家（地区）尤其如此。预测模型依据的假设是：这一比率将回归其长期趋势。总体上，企业将认识到自己需要多少工人并相应调整就业，工人的平均工时也将随之恢复。恢复速度的估算使用了多层混合模型，该模型与用于预测工时的模型非常相似。

年度预测模型采用向量误差修正模型。实际上，两个不同的模型都进行了估算，然后对它们的预测值进行了平均。在第一个模型中，因变量是失业率、就业人口比率和劳动力参与率的变化；自变量是各个变量的滞后值、GDP增长率以及其他变量之一变化的滞后值。第二个模型使用的是就业人员的人均工时以及工时与劳动力的比率，所依据的推理与按季度频率估算的模型相同。

---

① 尽管本报告出版时2021年已经过去，但由于撰写本报告时无法获得全年的真实数据，因此需要一个预测模型生成2021年的估算值。

② Bruce Hansen and Jeffrey Racine，"Jackknife Model Averaging"，Journal of Econometrics 167，No.1（2012）：38–46.sw.

▶ 附录C　按国家（地区）收入组别和按区域或次区域划分的世界劳动力市场指标

▶ 表C1　世界

指标	单位	合计（15岁以上）							
		2005年	2010年	2015年	2019年	2020年	2021年	2022年	2023年
每周总工时（以每周48小时计的全职等价工时）	百万小时	2548.3	2674.3	2797.5	2883.1	2653.3	2809.9	2908.3	2958.2
每周总工时与15~64岁人口的比率	小时	29.0	28.2	27.7	27.5	25.1	26.3	27.0	27.2
劳动力	百万人	2993.5	3157.3	3327.1	3473.2	3407.0	3471.4	3531.7	3577.8
劳动参与率	%	63.7	62.2	61.1	60.5	58.6	59.0	59.3	59.4
就业人口	百万人	2817.0	2971.0	3140.2	3287.3	3183.3	3257.2	3324.5	3375.1
就业人口比率	%	59.9	58.5	57.7	57.3	54.8	55.4	55.8	56.0
失业人口	百万人	176.5	186.2	186.9	185.9	223.7	214.2	207.2	202.7
失业率	%	5.9	5.9	5.6	5.4	6.6	6.2	5.9	5.7
有偿带薪工人	百万人	1282.3	1433.3	1620.5	1753.6	1693.0	1739.6		
自营职业者	百万人	1534.7	1537.8	1519.7	1533.7	1490.3	1517.7		
有偿带薪工人占比	%	45.5	48.2	51.6	53.3	53.2	53.4		
自营职业者占比	%	54.5	51.8	48.4	46.7	46.8	46.6		
极端工作贫困（按购买力平价计算，每日不足1.9美元）	百万人	533.6	416.7	246.0	220.3	228.5			
极端工作贫困（按购买力平价计算，每日不足1.9美元）占比	%	18.9	14.0	7.8	6.7	7.2			

指标	单位	女性（15岁以上）				男性（15岁以上）			
		2019年	2020年	2021年	2022年	2019年	2020年	2021年	2022年
劳动力	百万人	1371.4	1335.4	1362.7	1388.0	2101.8	2071.6	2108.8	2143.7
劳动参与率	%	47.8	46.0	46.4	46.6	73.3	71.3	71.7	72.0
就业人口	百万人	1295.9	1249.3	1276.2	1303.8	1991.3	1934.0	1981.1	2020.7
就业人口比率	%	45.2	43.0	43.4	43.8	69.4	66.6	67.3	67.9
失业人口	百万人	75.5	86.1	86.5	84.2	110.5	137.6	127.7	122.9
失业率	%	5.5	6.4	6.3	6.1	5.3	6.6	6.1	5.7
有偿带薪工人	百万人	703.2	675.7	693.0		1050.4	1017.3	1046.6	
自营职业者	百万人	592.8	573.6	583.2		940.9	916.8	934.5	
有偿带薪工人占比	%	54.3	54.1	54.3		52.7	52.6	52.8	
自营职业者占比	%	45.7	45.9	45.7		47.3	47.4	47.2	

续表

指标	单位	青年（15~24岁）				成人（25岁以上）			
		2019年	2020年	2021年	2022年	2019年	2020年	2021年	2022年
劳动力	百万人	497.0	466.9			2976.2	2940.1		
劳动参与率	%	41.2	38.6			65.7	63.9		
就业人口	百万人	429.8	395.9			2857.5	2787.4		
就业人口比率	%	35.7	32.7			63.1	60.6		
失业人口	百万人	67.2	71.0			118.7	152.7		
失业率	%	13.5	15.2			4.0	5.2		

▶ **表C2　低收入国家（地区）**

指标	单位	合计（15岁以上）							
		2005年	2010年	2015年	2019年	2020年	2021年	2022年	2023年
每周总工时（以每周48小时计的全职等价工时）	百万小时	117.7	135.1	153.8	173.6	166.9	175.4	185.7	194.7
每周总工时与15~64岁人口的比率	小时	24.3	24.0	23.5	23.5	21.9	22.3	22.9	23.2
劳动力	百万人	172.1	195.7	224.2	252.7	253.4	262.9	273.4	283.1
劳动参与率	%	69.7	68.3	67.4	67.3	65.4	65.7	66.2	66.4
就业人口	百万人	163.9	186.0	213.2	240.3	239.1	247.5	257.0	267.0
就业人口比率	%	66.4	64.9	64.1	64.0	61.7	61.9	62.2	62.6
失业人口	百万人	8.2	9.7	11.0	12.4	14.2	15.4	16.4	16.1
失业率	%	4.8	4.9	4.9	4.9	5.6	5.9	6.0	5.7
有偿带薪工人	百万人	25.1	31.9	39.7	46.8	44.1	46.9		
自营职业者	百万人	138.8	154.1	173.4	193.6	195.0	200.6		
有偿带薪工人占比	%	15.3	17.2	18.6	19.5	18.5	18.9		
自营职业者占比	%	84.7	82.8	81.4	80.5	81.5	81.1		
极端工作贫困（按购买力平价计算，每日不足1.9美元）	百万人	85.9	87.1	89.7	94.7	96.8			
极端工作贫困（按购买力平价计算，每日不足1.9美元）占比	%	52.4	46.8	42.1	39.4	40.5			

指标	单位	女性（15岁以上）				男性（15岁以上）			
		2019年	2020年	2021年	2022年	2019年	2020年	2021年	2022年
劳动力	百万人	111.6	110.9	115.1	120.1	141.1	142.5	147.8	153.3
劳动参与率	%	58.6	56.4	56.8	57.4	76.2	74.5	74.9	75.2
就业人口	百万人	106.0	104.5	108.1	112.6	134.3	134.7	139.5	144.4
就业人口比率	%	55.7	53.2	53.3	53.8	72.6	70.5	70.7	70.8
失业人口	百万人	5.6	6.5	7.1	7.5	6.8	7.8	8.3	8.9
失业率	%	5.0	5.8	6.1	6.2	4.8	5.5	5.6	5.8
有偿带薪工人	百万人	12.8	11.9	12.7		33.9	32.2	34.2	

续表

指标	单位	女性（15岁以上）				男性（15岁以上）			
		2019年	2020年	2021年	2022年	2019年	2020年	2021年	2022年
自营职业者	百万人	93.2	92.5	95.3		100.4	102.5	105.3	
有偿带薪工人占比	%	12.1	11.4	11.8		25.3	23.9	24.5	
自营职业者占比	%	87.9	88.6	88.2		74.7	76.1	75.5	

指标	单位	青年（15~24岁）				成人（25岁以上）			
		2019年	2020年	2021年	2022年	2019年	2020年	2021年	2022年
劳动力	百万人	66.6	64.8			186.1	188.6		
劳动参与率	%	50.8	48.1			76.1	74.6		
就业人口	百万人	61.2	58.9			179.2	180.3		
就业人口比率	%	46.6	43.7			73.3	71.3		
失业人口	百万人	5.5	5.9			6.9	8.3		
失业率	%	8.2	9.1			3.7	4.4		

▶ **表C3　中等偏下收入国家（地区）**

指标	单位	合计（15岁以上）							
		2005年	2010年	2015年	2019年	2020年	2021年	2022年	2023年
每周总工时（以每周48小时计的全职等价工时）	百万小时	924.0	1004.1	1065.3	1124.9	1014.8	1080.5	1142.3	1175.2
每周总工时与15~64岁人口的比率	小时	27.2	26.7	25.8	25.5	22.7	23.8	24.8	25.1
劳动力	百万人	1043.8	1122.7	1191.9	1262.0	1230.5	1263.2	1300.0	1326.6
劳动参与率	%	59.5	57.7	55.7	54.8	52.5	53.0	53.6	53.8
就业人口	百万人	985.6	1065.3	1130.1	1198.0	1149.1	1188.9	1227.6	1254.8
就业人口比率	%	56.2	54.8	52.8	52.0	49.0	49.9	50.6	50.9
失业人口	百万人	58.3	57.4	61.8	64.0	81.4	74.4	72.4	71.8
失业率	%	5.6	5.1	5.2	5.1	6.6	5.9	5.6	5.4
有偿带薪工人	百万人	272.4	316.2	386.8	437.5	413.5	431.0		
自营职业者	百万人	713.2	749.2	743.2	760.5	735.6	757.9		
有偿带薪工人占比	%	27.6	29.7	34.2	36.5	36.0	36.3		
自营职业者占比	%	72.4	70.3	65.8	63.5	64.0	63.7		
极端工作贫困（按购买力平价计算，每日不足1.9美元）	百万人	284.5	222.6	143.5	115.4	121.1			
极端工作贫困（按购买力平价计算，每日不足1.9美元）占比	%	28.9	20.9	12.7	9.6	10.5			

续表

指标	单位	女性（15岁以上）				男性（15岁以上）			
		2019年	2020年	2021年	2022年	2019年	2020年	2021年	2022年
劳动力	百万人	398.4	382.9	395.6	409.4	863.6	847.6	867.7	890.6
劳动参与率	%	35.0	33.1	33.6	34.2	74.2	71.5	72.0	72.6
就业人口	百万人	377.3	359.6	372.1	385.8	820.7	789.5	816.8	841.8
就业人口比率	%	33.2	31.1	31.6	32.2	70.5	66.6	67.8	68.7
失业人口	百万人	21.1	23.3	23.5	23.6	42.8	58.1	50.9	48.8
失业率	%	5.3	6.1	5.9	5.8	5.0	6.8	5.9	5.5
有偿带薪工人	百万人	125.0	115.3	120.2		312.6	298.2	310.8	
自营职业者	百万人	252.3	244.3	251.8		508.2	491.3	506.0	
有偿带薪工人占比	%	33.1	32.1	32.3		38.1	37.8	38.0	
自营职业者占比	%	66.9	67.9	67.7		61.9	62.2	62.0	

指标	单位	青年（15~24岁）				成人（25岁以上）			
		2019年	2020年	2021年	2022年	2019年	2020年	2021年	2022年
劳动力	百万人	207.6	193.8			1054.4	1036.7		
劳动参与率	%	35.2	32.6			61.6	59.3		
就业人口	百万人	176.1	161.6			1021.9	987.5		
就业人口比率	%	29.9	27.2			59.7	56.5		
失业人口	百万人	31.5	32.1			32.5	49.2		
失业率	%	15.2	16.6			3.1	4.7		

▶ **表C4　中等偏上收入国家（地区）**

指标	单位	合计（15岁以上）							
		2005年	2010年	2015年	2019年	2020年	2021年	2022年	2023年
每周总工时（以每周48小时计的全职等价工时）	百万小时	1092.5	1115.9	1140.5	1127.2	1048.1	1112.9	1125.3	1128.3
每周总工时与15~64岁人口的比率	小时	32.5	31.5	31.1	30.5	28.3	30.0	30.3	30.3
劳动力	百万人	1229.1	1263.5	1315.7	1341.6	1311.8	1329.6	1339.9	1346.3
劳动参与率	%	68.7	66.7	66.3	65.5	63.6	64.0	64.1	64.0
就业人口	百万人	1155.6	1191.7	1241.0	1261.5	1223.3	1240.0	1252.1	1261.0
就业人口比率	%	64.6	62.9	62.5	61.6	59.3	59.7	59.9	59.9
失业人口	百万人	73.4	71.9	74.7	80.1	88.4	89.7	87.8	85.4
失业率	%	6.0	5.7	5.7	6.0	6.7	6.7	6.6	6.3
有偿带薪工人	百万人	548.0	628.9	708.6	753.1	733.8	750.8		
自营职业者	百万人	607.7	562.8	532.4	508.4	489.5	489.1		
有偿带薪工人占比	%	47.4	52.8	57.1	59.7	60.0	60.6		
自营职业者占比	%	52.6	47.2	42.9	40.3	40.0	39.4		

续表

指标	单位	合计（15岁以上）							
		2005年	2010年	2015年	2019年	2020年	2021年	2022年	2023年
极端工作贫困（按购买力平价计算，每日不足1.9美元）	百万人	163.1	107.0	12.7	10.2	10.6			
极端工作贫困（按购买力平价计算，每日不足1.9美元）占比	%	14.1	9.0	1.0	0.8	0.9			

指标	单位	女性（15岁以上）				男性（15岁以上）			
		2019年	2020年	2021年	2022年	2019年	2020年	2021年	2022年
劳动力	百万人	587.0	569.5	577.5	583.1	754.6	742.3	752.1	756.8
劳动参与率	%	57.0	54.9	55.3	55.5	74.1	72.4	72.8	72.8
就业人口	百万人	552.3	531.9	537.9	544.3	709.3	691.4	702.0	707.8
就业人口比率	%	53.6	51.3	51.5	51.8	69.6	67.4	68.0	68.1
失业人口	百万人	34.8	37.6	39.6	38.8	45.4	50.8	50.1	49.0
失业率	%	5.9	6.6	6.9	6.7	6.0	6.8	6.7	6.5
有偿带薪工人	百万人	330.2	320.3	326.8		422.9	413.5	424.0	
自营职业者	百万人	222.0	211.6	211.1		286.4	278.0	278.0	
有偿带薪工人占比	%	59.8	60.2	60.8		59.6	59.8	60.4	
自营职业者占比	%	40.2	39.8	39.2		40.4	40.2	39.6	

指标	单位	青年（15~24岁）				成人（25岁以上）			
		2019年	2020年	2021年	2022年	2019年	2020年	2021年	2022年
劳动力	百万人	158.8	147.1			1182.8	1164.7		
劳动参与率	%	46.2	43.1			69.4	67.7		
就业人口	百万人	135.4	123.1			1126.1	1100.3		
就业人口比率	%	39.4	36.0			66.1	63.9		
失业人口	百万人	23.4	24.0			56.7	64.4		
失业率	%	14.4	16.3			4.8	5.5		

▶ 表C5　高收入国家（地区）

指标	单位	合计（15岁以上）							
		2005年	2010年	2015年	2019年	2020年	2021年	2022年	2023年
每周总工时（以每周48小时计的全职等价工时）	百万小时	414.1	419.2	437.8	457.4	423.5	441.1	455.1	460.0
每周总工时与15~64岁人口的比率	小时	26.6	25.9	26.7	27.8	25.7	26.8	27.7	28.0
劳动力	百万人	548.5	575.4	595.4	616.9	611.3	615.7	618.5	621.7
劳动参与率	%	60.4	60.4	60.2	61.0	60.2	60.3	60.3	60.4
就业人口	百万人	511.9	528.1	555.9	587.4	571.7	580.9	587.9	592.2
就业人口比率	%	56.4	55.4	56.2	58.1	56.3	56.9	57.4	57.5

续表

指标	单位	合计（15岁以上）							
		2005年	2010年	2015年	2019年	2020年	2021年	2022年	2023年
失业人口	百万人	36.6	47.3	39.5	29.5	39.6	34.8	30.5	29.5
失业率	%	6.7	8.2	6.6	4.8	6.5	5.6	4.9	4.7
有偿带薪工人	百万人	436.9	456.3	485.3	516.2	501.5	510.9		
自营职业者	百万人	75.0	71.8	70.7	71.2	70.2	70.0		
有偿带薪工人占比	%	85.4	86.4	87.3	87.9	87.7	87.9		
自营职业者占比	%	14.6	13.6	12.7	12.1	12.3	12.1		

指标	单位	女性（15岁以上）				男性（15岁以上）			
		2019年	2020年	2021年	2022年	2019年	2020年	2021年	2022年
劳动力	百万人	274.3	272.1	274.4	275.5	342.6	339.3	341.2	342.9
劳动参与率	%	53.8	53.1	53.3	53.3	68.4	67.4	67.4	67.5
就业人口	百万人	260.4	253.3	258.1	261.1	327.0	318.4	322.8	326.8
就业人口比率	%	51.0	49.4	50.2	50.5	65.3	63.2	63.8	64.3
失业人口	百万人	14.0	18.7	16.3	14.4	15.5	20.9	18.5	16.1
失业率	%	5.1	6.9	5.9	5.2	4.5	6.2	5.4	4.7
有偿带薪工人	百万人	235.2	228.2	233.3		281.0	273.4	277.6	
自营职业者	百万人	25.2	25.1	24.8		46.0	45.1	45.2	
有偿带薪工人占比	%	90.3	90.1	90.4		85.9	85.9	86.0	
自营职业者占比	%	9.7	9.9	9.6		14.1	14.1	14.0	

指标	单位	青年（15~24岁）				成人（25岁以上）			
		2019年	2020年	2021年	2022年	2019年	2020年	2021年	2022年
劳动力	百万人	63.9	61.2			553.0	550.1		
劳动参与率	%	45.6	44.1			63.5	62.7		
就业人口	百万人	57.1	52.3			530.3	519.4		
就业人口比率	%	40.7	37.7			60.9	59.2		
失业人口	百万人	6.9	8.9			22.6	30.7		
失业率	%	10.8	14.5			4.1	5.6		

▶ 表C6　非洲

指标	单位	合计（15岁以上）							
		2005年	2010年	2015年	2019年	2020年	2021年	2022年	2023年
每周总工时（以每周48小时计的全职等价工时）	百万小时	252.5	292.7	328.4	364.4	345.7	365.0	386.0	402.6
每周总工时与15~64岁人口的比率	小时	24.2	24.5	24.0	23.9	22.1	22.7	23.3	23.7
劳动力	百万人	345.4	391.1	439.1	487.6	489.2	507.2	526.0	543.3
劳动参与率	%	64.9	64.4	63.2	62.8	61.2	61.7	62.3	62.6
就业人口	百万人	320.8	365.5	409.7	453.6	451.2	466.1	484.0	501.7
就业人口比率	%	60.3	60.2	58.9	58.4	56.5	56.7	57.3	57.8
失业人口	百万人	24.6	25.6	29.4	34.1	38.0	41.1	41.9	41.6
失业率	%	7.1	6.5	6.7	7.0	7.8	8.1	8.0	7.7
有偿带薪工人	百万人	81.2	98.5	116.0	133.3	127.3	133.0		
自营职业者	百万人	239.6	267.0	293.7	320.2	323.9	333.0		
有偿带薪工人占比	%	25.3	27.0	28.3	29.4	28.2	28.5		
自营职业者占比	%	74.7	73.0	71.7	70.6	71.8	71.5		
极端工作贫困（按购买力平价计算，每日不足1.9美元）	百万人	139.5	142.8	138.4	144.5	149.5			
极端工作贫困（按购买力平价计算，每日不足1.9美元）占比	%	43.5	39.1	33.8	31.9	33.1			

指标	单位	女性（15岁以上）				男性（15岁以上）			
		2019年	2020年	2021年	2022年	2019年	2020年	2021年	2022年
劳动力	百万人	212.0	211.6	219.8	228.9	275.7	277.6	287.4	297.1
劳动参与率	%	54.0	52.4	53.0	53.7	71.8	70.3	70.7	71.1
就业人口	百万人	196.0	194.0	200.5	209.0	257.6	257.2	265.6	275.0
就业人口比率	%	49.9	48.1	48.3	49.0	67.1	65.1	65.3	65.8
失业人口	百万人	16.0	17.6	19.3	19.9	18.1	20.4	21.8	22.1
失业率	%	7.6	8.3	8.8	8.7	6.6	7.4	7.6	7.4
有偿带薪工人	百万人	39.9	37.5	39.2		93.4	89.7	93.8	
自营职业者	百万人	156.1	156.5	161.2		164.2	167.4	171.8	
有偿带薪工人占比	%	20.4	19.3	19.6		36.3	34.9	35.3	
自营职业者占比	%	79.6	80.7	80.4		63.7	65.1	64.7	

指标	单位	青年（15~24岁）				成人（25岁以上）			
		2019年	2020年	2021年	2022年	2019年	2020年	2021年	2022年
劳动力	百万人	111.2	108.9			376.4	380.3		
劳动参与率	%	44.2	42.2			71.7	70.3		
就业人口	百万人	98.4	95.3			355.1	355.9		
就业人口比率	%	39.1	36.9			67.6	65.8		
失业人口	百万人	12.8	13.6			21.3	24.4		
失业率	%	11.5	12.5			5.7	6.4		

▶ 表C7 北非

指标	单位	合计（15岁以上）							
		2005年	2010年	2015年	2019年	2020年	2021年	2022年	2023年
每周总工时（以每周48小时计的全职等价工时）	百万小时	45.3	53.5	55.4	58.4	53.1	56.2	59.3	61.0
每周总工时与15~64岁人口的比率	小时	19.0	20.1	19.1	18.8	16.8	17.5	18.2	18.4
劳动力	百万人	58.0	65.9	70.3	71.9	70.9	72.7	74.7	76.3
劳动参与率	%	46.8	47.8	46.5	44.2	42.8	43.0	43.4	43.5
就业人口	百万人	50.6	58.9	61.0	63.9	61.8	63.3	65.3	67.1
就业人口比率	%	40.8	42.8	40.4	39.3	37.3	37.4	37.9	38.2
失业人口	百万人	7.4	7.0	9.2	8.0	9.1	9.4	9.4	9.3
失业率	%	12.8	10.6	13.2	11.1	12.8	12.9	12.6	12.1
有偿带薪工人	百万人	27.9	34.2	36.2	40.6	39.8	41.0		
自营职业者	百万人	22.6	24.7	24.9	23.3	22.0	22.2		
有偿带薪工人占比	%	55.3	58.0	59.2	63.5	64.4	64.9		
自营职业者占比	%	44.7	42.0	40.8	36.5	35.6	35.1		
极端工作贫困（按购买力平价计算，每日不足1.9美元）	百万人	2.6	1.8	1.0	1.6	1.7			
极端工作贫困（按购买力平价计算，每日不足1.9美元）占比	%	5.2	3.0	1.6	2.5	2.7			

指标	单位	女性（15岁以上）				男性（15岁以上）			
		2019年	2020年	2021年	2022年	2019年	2020年	2021年	2022年
劳动力	百万人	16.8	16.4	16.8	17.4	55.1	54.5	55.8	57.3
劳动参与率	%	20.6	19.6	19.8	20.1	68.0	66.1	66.4	66.8
就业人口	百万人	13.3	12.5	12.8	13.3	50.6	49.3	50.5	52.0
就业人口比率	%	16.3	15.1	15.1	15.4	62.5	59.7	60.0	60.6
失业人口	百万人	3.5	3.8	4.0	4.1	4.5	5.2	5.4	5.3
失业率	%	20.8	23.3	23.9	23.4	8.1	9.6	9.6	9.3
有偿带薪工人	百万人	7.8	7.4	7.6		32.8	32.4	33.4	
自营职业者	百万人	5.5	5.1	5.1		17.9	16.9	17.1	
有偿带薪工人占比	%	58.9	59.4	59.8		64.7	65.7	66.1	
自营职业者占比	%	41.1	40.6	40.2		35.3	34.3	33.9	

指标	单位	青年（15~24岁）				成人（25岁以上）			
		2019年	2020年	2021年	2022年	2019年	2020年	2021年	2022年
劳动力	百万人	9.7	9.2			62.2	61.7		
劳动参与率	%	24.1	22.6			50.8	49.3		
就业人口	百万人	7.2	6.5			56.8	55.3		
就业人口比率	%	17.8	16.0			46.4	44.2		
失业人口	百万人	2.6	2.7			5.4	6.4		
失业率	%	26.3	29.3			8.7	10.3		

▶ 表C8　撒哈拉以南非洲

指标	单位	合计（15岁以上）							
		2005年	2010年	2015年	2019年	2020年	2021年	2022年	2023年
每周总工时（以每周48小时计的全职等价工时）	百万小时	207.2	239.1	273.0	306.0	292.5	308.8	326.7	341.7
每周总工时与15~64岁人口的比率	小时	25.7	25.8	25.4	25.2	23.4	24.0	24.6	25.0
劳动力	百万人	287.4	325.3	368.9	415.8	418.3	434.5	451.3	467.0
劳动参与率	%	70.5	69.3	67.8	67.7	66.1	66.6	67.1	67.4
就业人口	百万人	270.3	306.6	348.7	389.6	389.4	402.8	418.7	434.6
就业人口比率	%	66.3	65.3	64.1	63.5	61.5	61.7	62.3	62.7
失业人口	百万人	17.2	18.7	20.2	26.1	28.9	31.7	32.6	32.3
失业率	%	6.0	5.7	5.5	6.3	6.9	7.3	7.2	6.9
有偿带薪工人	百万人	53.3	64.4	79.9	92.7	87.5	92.0		
自营职业者	百万人	217.0	242.3	268.8	296.9	301.9	310.8		
有偿带薪工人占比	%	19.7	21.0	22.9	23.8	22.5	22.8		
自营职业者占比	%	80.3	79.0	77.1	76.2	77.5	77.2		
极端工作贫困（按购买力平价计算，每日不足1.9美元）	百万人	136.9	141.0	137.4	142.9	147.8			
极端工作贫困（按购买力平价计算，每日不足1.9美元）占比	%	50.6	46.0	39.4	36.7	38.0			

指标	单位	女性（15岁以上）				男性（15岁以上）			
		2019年	2020年	2021年	2022年	2019年	2020年	2021年	2022年
劳动力	百万人	195.2	195.2	203.0	211.5	220.6	223.1	231.5	239.8
劳动参与率	%	62.8	60.9	61.5	62.2	72.8	71.4	71.8	72.1
就业人口	百万人	182.7	181.5	187.7	195.7	207.0	207.9	215.1	223.0
就业人口比率	%	58.8	56.6	56.8	57.5	68.3	66.5	66.7	67.1
失业人口	百万人	12.5	13.8	15.3	15.8	13.6	15.2	16.4	16.8
失业率	%	6.4	7.0	7.6	7.5	6.2	6.8	7.1	7.0
有偿带薪工人	百万人	32.1	30.1	31.6		60.7	57.4	60.4	
自营职业者	百万人	150.6	151.4	156.1		146.3	150.5	154.7	
有偿带薪工人占比	%	17.6	16.6	16.8		29.3	27.6	28.1	
自营职业者占比	%	82.4	83.4	83.2		70.7	72.4	71.9	

指标	单位	青年（15~24岁）				成人（25岁以上）			
		2019年	2020年	2021年	2022年	2019年	2020年	2021年	2022年
劳动力	百万人	101.5	99.7			314.3	318.6		
劳动参与率	%	48.0	45.9			78.1	76.7		
就业人口	百万人	91.3	88.8			298.3	300.6		
就业人口比率	%	43.2	40.8			74.1	72.3		
失业人口	百万人	10.2	10.9			15.9	18.0		
失业率	%	10.1	11.0			5.1	5.7		

▶ 表C9　拉丁美洲和加勒比地区

指标	单位	合计（15岁以上）							
		2005年	2010年	2015年	2019年	2020年	2021年	2022年	2023年
每周总工时（以每周48小时计的全职等价工时）	百万小时	195.3	211.5	226.1	234.8	198.9	226.5	237.2	241.1
每周总工时与15~64岁人口的比率	小时	26.4	26.3	26.2	26.0	21.8	24.6	25.5	25.8
劳动力	百万人	247.3	269.6	289.9	307.2	286.6	302.5	310.0	314.8
劳动参与率	%	63.5	63.2	62.7	62.7	57.8	60.2	61.0	61.2
就业人口	百万人	227.9	251.3	270.7	282.8	257.8	272.4	281.2	287.2
就业人口比率	%	58.5	58.9	58.5	57.8	52.0	54.2	55.3	55.8
失业人口	百万人	19.4	18.3	19.2	24.3	28.8	30.1	28.8	27.6
失业率	%	7.9	6.8	6.6	7.9	10.1	10.0	9.3	8.8
有偿带薪工人	百万人	138.5	157.9	172.5	176.5	160.0	166.7		
自营职业者	百万人	89.4	93.3	98.2	106.3	97.8	105.7		
有偿带薪工人占比	%	60.8	62.9	63.7	62.4	62.1	61.2		
自营职业者占比	%	39.2	37.1	36.3	37.6	37.9	38.8		
极端工作贫困（按购买力平价计算，每日不足1.9美元）	百万人	14.6	8.6	6.1	8.1	8.6			
极端工作贫困（按购买力平价计算，每日不足1.9美元）占比	%	6.4	3.4	2.2	2.9	3.3			

指标	单位	女性（15岁以上）				男性（15岁以上）			
		2019年	2020年	2021年	2022年	2019年	2020年	2021年	2022年
劳动力	百万人	128.5	117.5	125.2	129.1	178.6	169.1	177.2	180.9
劳动参与率	%	51.1	46.1	48.5	49.4	75.1	70.1	72.6	73.2
就业人口	百万人	116.2	103.6	109.9	114.3	166.6	154.2	162.5	166.9
就业人口比率	%	46.2	40.6	42.6	43.7	70.0	63.9	66.5	67.5
失业人口	百万人	12.3	13.9	15.4	14.8	12.1	14.9	14.7	14.0
失业率	%	9.5	11.8	12.3	11.5	6.8	8.8	8.3	7.7
有偿带薪工人	百万人	74.2	66.3	68.7		102.3	93.7	97.9	
自营职业者	百万人	42.0	37.3	41.1		64.3	60.6	64.5	
有偿带薪工人占比	%	63.9	64.0	62.6		61.4	60.7	60.3	
自营职业者占比	%	36.1	36.0	37.4		38.6	39.3	39.7	

指标	单位	青年（15~24岁）				成人（25岁以上）			
		2019年	2020年	2021年	2022年	2019年	2020年	2021年	2022年
劳动力	百万人	52.7	46.6			254.5	240.0		
劳动参与率	%	48.8	43.4			66.6	61.7		
就业人口	百万人	43.2	36.7			239.6	221.1		
就业人口比率	%	40.1	34.2			62.8	56.9		
失业人口	百万人	9.5	9.9			14.9	18.9		
失业率	%	18.0	21.2			5.8	7.9		

▶ 表C10　北美

指标	单位	合计（15岁以上）							
		2005年	2010年	2015年	2019年	2020年	2021年	2022年	2023年
每周总工时（以每周48小时计的全职等价工时）	百万小时	122.2	118.4	128.6	137.3	125.2	132.3	136.9	139.0
每周总工时与15~64岁人口的比率	小时	26.7	24.7	26.1	27.5	25.0	26.4	27.3	27.7
劳动力	百万人	169.5	176.0	179.9	187.4	184.8	186.2	187.4	189.3
劳动参与率	%	65.2	64.0	62.2	62.6	61.2	61.2	61.1	61.3
就业人口	百万人	160.6	159.4	170.1	180.1	169.7	175.6	179.3	181.5
就业人口比率	%	61.8	57.9	58.8	60.1	56.2	57.7	58.5	58.8
失业人口	百万人	8.9	16.7	9.8	7.3	15.2	10.6	8.2	7.7
失业率	%	5.3	9.5	5.5	3.9	8.2	5.7	4.3	4.1
有偿带薪工人	百万人	147.2	146.6	157.5	167.4	157.3	162.5		
自营职业者	百万人	13.3	12.8	12.6	12.8	12.4	13.1		
有偿带薪工人占比	%	91.7	92.0	92.6	92.9	92.7	92.5		
自营职业者占比	%	8.3	8.0	7.4	7.1	7.3	7.5		

指标	单位	女性（15岁以上）				男性（15岁以上）			
		2019年	2020年	2021年	2022年	2019年	2020年	2021年	2022年
劳动力	百万人	87.0	85.7	86.4	86.9	100.4	99.1	99.9	100.5
劳动参与率	%	57.1	55.8	55.8	55.8	68.2	66.8	66.8	66.7
就业人口	百万人	83.7	78.5	81.6	83.3	96.4	91.2	94.0	95.9
就业人口比率	%	54.9	51.1	52.7	53.5	65.5	61.5	62.9	63.7
失业人口	百万人	3.3	7.3	4.7	3.6	4.0	7.9	5.9	4.6
失业率	%	3.8	8.5	5.5	4.1	4.0	8.0	5.9	4.5
有偿带薪工人	百万人	78.8	73.6	76.5		88.6	83.7	86.1	
自营职业者	百万人	4.9	4.9	5.2		7.9	7.5	7.9	
有偿带薪工人占比	%	94.2	93.8	93.7		91.8	91.8	91.6	
自营职业者占比	%	5.8	6.2	6.3		8.2	8.2	8.4	

指标	单位	青年（15~24岁）				成年（25岁以上）			
		2019年	2020年	2021年	2022年	2019年	2020年	2021年	2022年
劳动力	百万人	25.0	24.0			162.4	160.8		
劳动参与率	%	52.1	50.2			64.6	63.3		
就业人口	百万人	22.9	20.3			157.2	149.4		
就业人口比率	%	47.6	42.4			62.5	58.8		
失业人口	百万人	2.2	3.7			5.1	11.5		
失业率	%	8.6	15.5			3.2	7.1		

▶ 表C11　阿拉伯国家（非海合会国家）

指标	单位	合计（15岁以上）							
		2005年	2010年	2015年	2019年	2020年	2021年	2022年	2023年
每周总工时（以每周48小时计的全职等价工时）	百万小时	15.9	18.1	20.6	22.2	20.7	21.7	23.1	24.3
每周总工时与15~64岁人口的比率	小时	17.4	16.9	16.7	16.5	14.9	15.3	15.8	16.1
劳动力	百万人	19.9	22.3	26.0	28.3	28.3	29.3	30.5	31.6
劳动参与率	%	42.8	40.9	41.4	41.1	40.1	40.3	40.7	41.0
就业人口	百万人	17.8	20.0	22.9	24.6	24.3	25.1	26.3	27.4
就业人口比率	%	38.4	36.7	36.5	35.8	34.4	34.5	35.1	35.6
失业人口	百万人	2.1	2.3	3.0	3.7	4.0	4.2	4.2	4.2
失业率	%	10.4	10.2	11.7	13.0	14.2	14.3	13.8	13.1
有偿带薪工人	百万人	10.8	12.9	15.0	16.1	15.9	16.5		
自营职业者	百万人	7.0	7.1	8.0	8.5	8.4	8.5		
有偿带薪工人占比	%	60.8	64.7	65.2	65.6	65.5	66.0		
自营职业者占比	%	39.2	35.3	34.8	34.4	34.5	34.0		
极端工作贫困（按购买力平价计算，每日不足1.9美元）	百万人	0.3	0.3	1.9	4.1	4.7			
极端工作贫困（按购买力平价计算，每日不足1.9美元）占比	%	1.5	1.4	8.4	16.5	19.3			

指标	单位	女性（15岁以上）				男性（15岁以上）			
		2019年	2020年	2021年	2022年	2019年	2020年	2021年	2022年
劳动力	百万人	4.2	4.1	4.3	4.5	24.1	24.2	25.0	26.0
劳动参与率	%	12.2	11.7	11.7	11.9	70.0	68.5	68.8	69.4
就业人口	百万人	3.1	3.0	3.1	3.3	21.4	21.3	22.0	23.0
就业人口比率	%	9.1	8.5	8.5	8.7	62.4	60.3	60.5	61.4
失业人口	百万人	1.0	1.1	1.2	1.2	2.6	2.9	3.0	3.0
失业率	%	25.0	26.9	27.7	26.9	10.9	12.0	12.1	11.5
有偿带薪工人	百万人	2.6	2.5	2.5		13.6	13.4	14.0	
自营职业者	百万人	0.6	0.5	0.5		7.9	7.8	8.0	
有偿带薪工人占比	%	81.7	82.2	82.6		63.3	63.2	63.7	
自营职业者占比	%	18.3	17.8	17.4		36.7	36.8	36.3	

指标	单位	青年（15~24岁）				成人（25岁以上）			
		2019年	2020年	2021年	2022年	2019年	2020年	2021年	2022年
劳动力	百万人	5.8	5.6			22.5	22.7		
劳动参与率	%	27.1	26.0			47.3	46.3		
就业人口	百万人	4.2	4.0			20.4	20.3		
就业人口比率	%	20.0	18.7			42.8	41.3		
失业人口	百万人	1.5	1.6			2.2	2.4		
失业率	%	26.4	28.3			9.6	10.7		

▶ 表C12　阿拉伯国家（海合会国家）

指标	单位	合计（15岁以上）							
		2005年	2010年	2015年	2019年	2020年	2021年	2022年	2023年
每周总工时（以每周48小时计的全职等价工时）	百万小时	13.7	21.1	25.4	27.6	25.3	26.5	27.9	28.7
每周总工时与15~64岁人口的比率	小时	28.1	30.9	30.6	30.5	27.5	28.5	29.6	30.0
劳动力	百万人	13.9	21.0	26.4	30.1	30.5	31.0	31.9	32.6
劳动参与率	%	57.4	62.0	64.1	66.8	66.5	66.6	67.3	67.9
就业人口	百万人	13.3	20.2	25.4	28.9	28.9	29.4	30.4	31.2
就业人口比率	%	54.8	59.6	61.8	64.3	63.1	63.1	64.1	64.9
失业人口	百万人	0.6	0.8	1.0	1.1	1.6	1.6	1.5	1.5
失业率	%	4.6	3.8	3.7	3.7	5.2	5.2	4.8	4.5
有偿带薪工人	百万人	12.5	19.2	24.5	27.9	27.4	27.9		
自营职业者	百万人	0.7	0.9	0.9	1.0	1.5	1.5		
有偿带薪工人占比	%	94.5	95.3	96.5	96.5	94.9	94.9		
自营职业者占比	%	5.5	4.7	3.5	3.5	5.1	5.1		

指标	单位	女性（15岁以上）				男性（15岁以上）			
		2019年	2020年	2021年	2022年	2019年	2020年	2021年	2022年
劳动力	百万人	5.3	5.8	5.8	6.0	24.7	24.7	25.2	25.9
劳动参与率	%	33.5	35.8	35.5	35.8	85.0	83.2	83.6	84.7
就业人口	百万人	4.6	4.9	4.9	5.1	24.3	24.0	24.5	25.2
就业人口比率	%	28.9	30.5	29.9	30.5	83.6	80.8	81.3	82.7
失业人口	百万人	0.7	0.9	0.9	0.9	0.4	0.7	0.7	0.6
失业率	%	13.7	14.8	15.6	14.9	1.6	2.9	2.8	2.4
有偿带薪工人	百万人	4.4	4.5	4.5		23.5	22.9	23.4	
自营职业者	百万人	0.2	0.4	0.4		0.8	1.1	1.1	
有偿带薪工人占比	%	96.1	91.6	92.2		96.5	95.6	95.4	
自营职业者占比	%	3.9	8.4	7.8		3.5	4.4	4.6	

指标	单位	青年（15~24岁）				成人（25岁以上）			
		2019年	2020年	2021年	2022年	2019年	2020年	2021年	2022年
劳动力	百万人	2.2	2.2			27.8	28.2		
劳动参与率	%	30.1	31.3			74.0	73.0		
就业人口	百万人	1.9	1.8			27.0	27.1		
就业人口比率	%	26.0	25.4			71.8	70.0		
失业人口	百万人	0.3	0.4			0.8	1.2		
失业率	%	13.8	18.9			2.9	4.1		

▶ 表C13 东亚

指标	单位	合计（15岁以上）							
		2005年	2010年	2015年	2019年	2020年	2021年	2022年	2023年
每周总工时（以每周48小时计的全职等价工时）	百万小时	845.0	843.6	847.0	824.7	790.3	821.4	822.7	820.9
每周总工时与15~64岁人口的比率	小时	36.2	34.8	34.5	33.8	32.5	33.9	34.0	33.9
劳动力	百万人	906.1	914.1	938.7	947.0	939.9	941.5	942.5	943.3
劳动参与率	%	72.2	69.6	69.2	68.4	67.6	67.4	67.2	67.0
就业人口	百万人	865.7	872.8	896.9	906.4	895.2	898.4	900.5	902.3
就业人口比率	%	69.0	66.5	66.1	65.5	64.4	64.3	64.2	64.1
失业人口	百万人	40.4	41.3	41.9	40.6	44.7	43.1	42.0	41.0
失业率	%	4.5	4.5	4.5	4.3	4.8	4.6	4.5	4.3
有偿带薪工人	百万人	362.3	418.5	476.8	517.2	514.2	524.4		
自营职业者	百万人	503.4	454.2	420.0	389.1	381.0	374.0		
有偿带薪工人占比	%	41.8	48.0	53.2	57.1	57.4	58.4		
自营职业者占比	%	58.2	52.0	46.8	42.9	42.6	41.6		
极端工作贫困（按购买力平价计算，每日不足1.9美元）	百万人	150.2	101.0	9.2	4.6	4.6			
极端工作贫困（按购买力平价计算，每日不足1.9美元）占比	%	17.3	11.6	1.0	0.5	0.5			

指标	单位	女性（15岁以上）				男性（15岁以上）			
		2019年	2020年	2021年	2022年	2019年	2020年	2021年	2022年
劳动力	百万人	424.1	418.6	419.3	420.4	522.9	521.3	522.2	522.1
劳动参与率	%	61.9	60.8	60.7	60.6	74.7	74.2	74.0	73.7
就业人口	百万人	408.1	401.2	402.2	403.8	498.2	494.0	496.2	496.7
就业人口比率	%	59.6	58.3	58.2	58.2	71.2	70.3	70.3	70.1
失业人口	百万人	15.9	17.4	17.1	16.6	24.7	27.3	26.0	25.4
失业率	%	3.8	4.2	4.1	3.9	4.7	5.2	5.0	4.9
有偿带薪工人	百万人	231.3	229.4	234.0		285.9	284.9	290.4	
自营职业者	百万人	176.8	171.8	168.2		212.3	209.1	205.7	
有偿带薪工人占比	%	56.7	57.2	58.2		57.4	57.7	58.5	
自营职业者占比	%	43.3	42.8	41.8		42.6	42.3	41.5	

指标	单位	青年（15~24岁）				成人（25岁以上）			
		2019年	2020年	2021年	2022年	2019年	2020年	2021年	2022年
劳动力	百万人	96.3	91.5			850.7	848.5		
劳动参与率	%	48.9	47.0			71.6	70.9		
就业人口	百万人	86.5	81.2			819.9	814.1		
就业人口比率	%	43.9	41.7			69.0	68.1		
失业人口	百万人	9.8	10.3			30.9	34.4		
失业率	%	10.2	11.3			3.6	4.1		

▶ 表C14　东南亚

指标	单位	合计（15岁以上）							
		2005 年	2010 年	2015 年	2019 年	2020 年	2021 年	2022 年	2023 年
每周总工时（以每周48 小时计的全职等价工时）	百万小时	225.2	254.5	266.9	277.2	257.3	261.5	274.9	283.5
每周总工时与15~64岁人口的比率	小时	29.7	30.7	29.9	29.7	27.3	27.5	28.6	29.3
劳动力	百万人	263.8	293.1	316.7	332.6	329.7	334.5	339.5	345.2
劳动参与率	%	67.1	68.1	68.0	67.4	65.9	66.0	66.1	66.4
就业人口	百万人	252.1	283.7	307.6	324.4	319.8	324.0	329.2	335.6
就业人口比率	%	64.1	65.9	66.0	65.7	63.9	63.9	64.1	64.6
失业人口	百万人	11.6	9.4	9.1	8.2	9.9	10.5	10.4	9.7
失业率	%	4.4	3.2	2.9	2.5	3.0	3.1	3.1	2.8
有偿带薪工人	百万人	97.7	119.0	149.7	163.8	158.9	162.5		
自营职业者	百万人	154.4	164.7	158.0	160.6	161.0	161.5		
有偿带薪工人占比	%	38.8	42.0	48.6	50.5	49.7	50.1		
自营职业者占比	%	61.2	58.0	51.4	49.5	50.3	49.9		
极端工作贫困（按购买力平价计算，每日不足1.9美元）	百万人	42.6	25.4	13.6	7.6	8.5			
极端工作贫困（按购买力平价计算，每日不足1.9美元）占比	%	16.9	9.0	4.4	2.3	2.6			

指标	单位	女性（15岁以上）				男性（15岁以上）			
		2019 年	2020 年	2021 年	2022 年	2019 年	2020 年	2021 年	2022 年
劳动力	百万人	139.5	138.1	140.4	142.6	193.1	191.6	194.1	196.9
劳动参与率	%	55.9	54.6	54.8	54.9	79.1	77.4	77.4	77.5
就业人口	百万人	136.3	134.2	136.3	138.5	188.1	185.7	187.7	190.7
就业人口比率	%	54.6	53.1	53.2	53.4	77.0	75.0	74.8	75.1
失业人口	百万人	3.3	3.9	4.1	4.1	4.9	5.9	6.4	6.3
失业率	%	2.3	2.9	2.9	2.9	2.5	3.1	3.3	3.2
有偿带薪工人	百万人	62.5	60.6	61.9		101.3	98.3	100.5	
自营职业者	百万人	73.7	73.6	74.3		86.9	87.4	87.2	
有偿带薪工人占比	%	45.9	45.2	45.5		53.8	52.9	53.5	
自营职业者占比	%	54.1	54.8	54.5		46.2	47.1	46.5	

指标	单位	青年（15~24岁）				成人（25岁以上）			
		2019 年	2020 年	2021 年	2022 年	2019 年	2020 年	2021 年	2022 年
劳动力	百万人	50.7	48.4			281.9	281.3		
劳动参与率	%	46.1	44.1			73.5	72.0		
就业人口	百万人	46.2	43.6			278.2	276.3		
就业人口比率	%	42.0	39.7			72.5	70.7		
失业人口	百万人	4.5	4.8			3.7	5.1		
失业率	%	8.9	10.0			1.3	1.8		

▶ 表C15　南亚

指标	单位	合计（15岁以上）							
		2005年	2010年	2015年	2019年	2020年	2021年	2022年	2023年
每周总工时（以每周48小时计的全职等价工时）	百万小时	563.4	592.5	624.3	654.6	576.8	626.0	662.3	678.5
每周总工时与15~64岁人口的比率	小时	27.6	26.2	25.2	24.8	21.5	23.0	24.0	24.3
劳动力	百万人	598.7	624.9	653.1	687.0	657.9	676.6	699.1	711.6
劳动参与率	%	56.8	53.4	50.7	49.6	46.7	47.3	48.1	48.2
就业人口	百万人	566.9	592.5	618.1	650.9	608.9	635.9	659.8	672.3
就业人口比率	%	53.8	50.6	47.9	47.0	43.3	44.5	45.4	45.5
失业人口	百万人	31.9	32.3	35.1	36.0	48.9	40.7	39.3	39.4
失业率	%	5.3	5.2	5.4	5.2	7.4	6.0	5.6	5.5
有偿带薪工人	百万人	119.9	132.6	166.5	192.6	177.9	187.2		
自营职业者	百万人	447.0	459.9	451.6	458.3	431.1	448.7		
有偿带薪工人占比	%	21.1	22.4	26.9	29.6	29.2	29.4		
自营职业者占比	%	78.9	77.6	73.1	70.4	70.8	70.6		
极端工作贫困（按购买力平价计算，每日不足1.9美元）	百万人	178.6	134.4	74.4	49.6	50.8			
极端工作贫困（按购买力平价计算，每日不足1.9美元）占比	%	31.5	22.7	12.0	7.6	8.3			

指标	单位	女性（15岁以上）				男性（15岁以上）			
		2019年	2020年	2021年	2022年	2019年	2020年	2021年	2022年
劳动力	百万人	158.4	144.3	150.5	157.7	528.6	513.5	526.1	541.4
劳动参与率	%	23.5	21.1	21.6	22.3	74.4	71.0	71.6	72.5
就业人口	百万人	149.6	135.1	141.8	148.9	501.3	473.8	494.1	510.9
就业人口比率	%	22.2	19.7	20.4	21.1	70.5	65.5	67.3	68.4
失业人口	百万人	8.8	9.2	8.7	8.8	27.2	39.7	32.0	30.5
失业率	%	5.6	6.4	5.8	5.6	5.1	7.7	6.1	5.6
有偿带薪工人	百万人	39.8	33.9	36.1		152.8	144.0	151.1	
自营职业者	百万人	109.7	101.2	105.7		348.6	329.8	343.0	
有偿带薪工人占比	%	26.6	25.1	25.5		30.5	30.4	30.6	
自营职业者占比	%	73.4	74.9	74.5		69.5	69.6	69.4	

指标	单位	青年（15~24岁）				成人（25岁以上）			
		2019年	2020年	2021年	2022年	2019年	2020年	2021年	2022年
劳动力	百万人	106.9	96.1			580.0	561.7		
劳动参与率	%	30.6	27.3			56.1	53.2		
就业人口	百万人	87.3	76.8			563.6	532.2		
就业人口比率	%	24.9	21.8			54.5	50.4		
失业人口	百万人	19.7	19.3			16.4	29.6		
失业率	%	18.4	20.1			2.8	5.3		

▶ 表C16　太平洋地区

指标	单位	合计（15岁以上）							
		2005年	2010年	2015年	2019年	2020年	2021年	2022年	2023年
每周总工时（以每周48小时计的全职等价工时）	百万小时	11.6	12.3	13.1	14.0	13.6	14.0	14.2	14.5
每周总工时与15~64岁人口的比率	小时	25.8	24.9	24.7	25.2	24.3	24.7	24.8	25.1
劳动力	百万人	16.0	17.4	18.8	20.1	20.1	20.5	20.7	20.9
劳动参与率	%	64.2	62.9	62.5	63.1	62.3	62.7	62.3	62.2
就业人口	百万人	15.3	16.5	17.8	19.2	19.0	19.5	19.7	20.0
就业人口比率	%	61.3	59.7	59.1	60.2	58.8	59.8	59.5	59.4
失业人口	百万人	0.7	0.9	1.0	0.9	1.1	1.0	0.9	0.9
失业率	%	4.5	5.0	5.5	4.7	5.6	4.7	4.6	4.5
有偿带薪工人	百万人	10.6	11.9	13.0	14.0	13.8	14.2		
自营职业者	百万人	4.7	4.6	4.8	5.1	5.2	5.3		
有偿带薪工人占比	%	69.3	72.0	73.2	73.3	72.8	72.8		
自营职业者占比	%	30.7	28.0	26.8	26.7	27.2	27.2		
极端工作贫困（按购买力平价计算，每日不足1.9美元）	百万人	1.2	0.8	0.7	0.7	0.7			
极端工作贫困（按购买力平价计算，每日不足1.9美元）占比	%	8.0	4.8	3.9	3.5	3.9			

指标	单位	女性（15岁以上）				男性（15岁以上）			
		2019年	2020年	2021年	2022年	2019年	2020年	2021年	2022年
劳动力	百万人	9.4	9.4	9.6	9.7	10.7	10.7	10.9	11.0
劳动参与率	%	58.7	57.9	58.4	58.0	67.7	66.8	67.1	66.7
就业人口	百万人	9.0	8.9	9.2	9.3	10.2	10.1	10.3	10.4
就业人口比率	%	56.0	54.8	55.9	55.6	64.5	63.0	63.8	63.5
失业人口	百万人	0.4	0.5	0.4	0.4	0.5	0.6	0.5	0.5
失业率	%	4.5	5.5	4.4	4.2	4.8	5.8	5.0	4.8
有偿带薪工人	百万人	6.7	6.6	6.8		7.3	7.2	7.4	
自营职业者	百万人	2.2	2.3	2.4		2.9	2.9	3.0	
有偿带薪工人占比	%	74.9	74.3	74.3		71.9	71.4	71.5	
自营职业者占比	%	25.1	25.7	25.7		28.1	28.6	28.5	

指标	单位	青年（15~24岁）				成人（25岁以上）			
		2019年	2020年	2021年	2022年	2019年	2020年	2021年	2022年
劳动力	百万人	3.4	3.3			16.7	16.8		
劳动参与率	%	56.4	54.9			64.7	64.1		
就业人口	百万人	3.0	2.9			16.1	16.1		
就业人口比率	%	50.5	48.2			62.4	61.3		
失业人口	百万人	0.4	0.4			0.6	0.7		
失业率	%	10.5	12.2			3.5	4.4		

▶ **表C17   北欧、南欧和西欧**

指标	单位	合计（15岁以上）							
		2005年	2010年	2015年	2019年	2020年	2021年	2022年	2023年
每周总工时（以每周48小时计的全职等价工时）	百万小时	148.1	148.1	148.8	156.9	144.1	151.8	156.6	157.7
每周总工时与15~64岁人口的比率	小时	24.6	24.2	24.4	25.8	23.7	25.0	25.9	26.1
劳动力	百万人	207.7	215.0	219.7	224.7	222.7	224.3	224.9	225.3
劳动参与率	%	57.3	57.7	57.9	58.4	57.8	58.0	58.1	58.1
就业人口	百万人	189.8	193.8	197.8	209.1	206.4	207.8	209.7	210.4
就业人口比率	%	52.4	52.0	52.1	54.4	53.5	53.8	54.1	54.2
失业人口	百万人	17.9	21.2	21.9	15.6	16.3	16.5	15.2	14.9
失业率	%	8.6	9.8	10.0	6.9	7.3	7.3	6.8	6.6
有偿带薪工人	百万人	158.4	162.8	166.9	177.8	176.0	178.2		
自营职业者	百万人	31.4	31.0	30.9	31.3	30.4	29.6		
有偿带薪工人占比	%	83.5	84.0	84.4	85.0	85.3	85.8		
自营职业者占比	%	16.5	16.0	15.6	15.0	14.7	14.2		

指标	单位	女性（15岁以上）				男性（15岁以上）			
		2019年	2020年	2021年	2022年	2019年	2020年	2021年	2022年
劳动力	百万人	104.4	103.7	104.6	104.9	120.3	119.0	119.6	120.0
劳动参与率	%	52.9	52.4	52.8	52.8	64.3	63.4	63.6	63.6
就业人口	百万人	96.9	96.0	96.6	97.5	112.2	110.4	111.2	112.2
就业人口比率	%	49.1	48.5	48.7	49.1	60.0	58.9	59.1	59.4
失业人口	百万人	7.5	7.8	8.0	7.5	8.1	8.5	8.5	7.8
失业率	%	7.2	7.5	7.7	7.1	6.7	7.2	7.1	6.5
有偿带薪工人	百万人	86.2	85.4	86.5		91.6	90.6	91.7	
自营职业者	百万人	10.7	10.5	10.1		20.6	19.9	19.5	
有偿带薪工人占比	%	88.9	89.0	89.5		81.7	82.0	82.5	
自营职业者占比	%	11.1	11.0	10.5		18.3	18.0	17.5	

指标	单位	青年（15~24岁）				成人（25岁以上）			
		2019年	2020年	2021年	2022年	2019年	2020年	2021年	2022年
劳动力	百万人	21.7	20.8			203.1	201.8		
劳动参与率	%	43.9	42.4			60.6	60.0		
就业人口	百万人	18.5	17.4			190.7	189.0		
就业人口比率	%	37.4	35.3			56.9	56.2		
失业人口	百万人	3.2	3.5			12.4	12.8		
失业率	%	14.8	16.6			6.1	6.4		

▶ 表C18　东欧

指标	单位	合计（15岁以上）							
		2005年	2010年	2015年	2019年	2020年	2021年	2022年	2023年
每周总工时（以每周48小时计的全职等价工时）	百万小时	107.1	109.2	109.9	108.9	102.1	105.2	106.1	106.0
每周总工时与15~64岁人口的比率	小时	24.6	25.0	25.9	26.7	25.3	26.3	26.8	26.9
劳动力	百万人	146.0	147.9	146.9	145.0	143.4	142.5	142.1	141.5
劳动参与率	%	58.0	58.9	59.4	59.4	59.0	58.7	58.7	58.5
就业人口	百万人	133.2	136.0	137.2	138.1	135.4	134.9	135.1	134.8
就业人口比率	%	52.9	54.2	55.5	56.6	55.7	55.6	55.8	55.8
失业人口	百万人	12.8	11.8	9.7	6.8	8.0	7.5	7.0	6.7
失业率	%	8.7	8.0	6.6	4.7	5.6	5.3	4.9	4.7
有偿带薪工人	百万人	113.6	117.9	120.1	121.2	119.7	120.4		
自营职业者	百万人	19.6	18.1	17.1	16.9	15.7	14.6		
有偿带薪工人占比	%	85.3	86.7	87.5	87.8	88.4	89.2		
自营职业者占比	%	14.7	13.3	12.5	12.2	11.6	10.8		

指标	单位	女性（15岁以上）				男性（15岁以上）			
		2019年	2020年	2021年	2022年	2019年	2020年	2021年	2022年
劳动力	百万人	68.6	67.8	67.4	67.2	76.4	75.6	75.1	74.9
劳动参与率	%	52.2	51.8	51.6	51.6	67.8	67.3	67.0	67.0
就业人口	百万人	65.4	64.1	63.8	63.9	72.7	71.3	71.1	71.2
就业人口比率	%	49.8	49.0	48.8	49.0	64.5	63.5	63.5	63.7
失业人口	百万人	3.1	3.7	3.6	3.3	3.7	4.2	3.9	3.7
失业率	%	4.6	5.5	5.3	4.9	4.8	5.6	5.2	4.9
有偿带薪工人	百万人	59.0	58.2	58.4		62.2	61.6	61.9	
自营职业者	百万人	6.4	5.9	5.4		10.5	9.7	9.2	
有偿带薪工人占比	%	90.2	90.7	91.5		85.6	86.3	87.1	
自营职业者占比	%	9.8	9.3	8.5		14.4	13.7	12.9	

指标	单位	青年（15~24岁）				成人（25岁以上）			
		2019年	2020年	2021年	2022年	2019年	2020年	2021年	2022年
劳动力	百万人	9.4	8.8			135.5	134.6		
劳动参与率	%	33.4	31.5			62.8	62.5		
就业人口	百万人	8.1	7.5			130.0	128.0		
就业人口比率	%	28.8	26.7			60.3	59.4		
失业人口	百万人	1.3	1.4			5.5	6.6		
失业率	%	13.8	15.4			4.1	4.9		

▶ 表C19   中亚和西亚

指标	单位	合计（15岁以上）							
		2005年	2010年	2015年	2019年	2020年	2021年	2022年	2023年
每周总工时（以每周48小时计的全职等价工时）	百万小时	48.3	52.1	58.4	60.3	53.4	58.1	60.4	61.5
每周总工时与15~64岁人口的比率	小时	24.1	23.6	24.4	24.0	21.0	22.6	23.4	23.6
劳动力	百万人	59.2	65.0	71.8	76.4	73.8	75.5	77.2	78.4
劳动参与率	%	55.6	55.7	56.7	56.8	54.1	54.6	55.2	55.4
就业人口	百万人	53.6	59.3	66.0	69.2	66.6	68.1	69.5	70.8
就业人口比率	%	50.4	50.9	52.2	51.4	48.9	49.3	49.7	50.0
失业人口	百万人	5.5	5.7	5.8	7.2	7.2	7.4	7.7	7.6
失业率	%	9.3	8.7	8.1	9.4	9.7	9.8	10.0	9.7
有偿带薪工人	百万人	29.6	35.2	42.1	45.6	44.5	46.0		
自营职业者	百万人	24.1	24.1	24.0	23.7	22.1	22.1		
有偿带薪工人占比	%	55.1	59.4	63.7	65.8	66.8	67.6		
自营职业者占比	%	44.9	40.6	36.3	34.2	33.2	32.4		
极端工作贫困（按购买力平价计算，每日不足1.9美元）	百万人	6.2	3.4	1.7	1.1	1.1			
极端工作贫困（按购买力平价计算，每日不足1.9美元）占比	%	11.6	5.7	2.6	1.6	1.6			

指标	单位	女性（15岁以上）				男性（15岁以上）			
		2019年	2020年	2021年	2022年	2019年	2020年	2021年	2022年
劳动力	百万人	30.0	28.6	29.3	30.1	46.4	45.2	46.2	47.2
劳动参与率	%	43.4	40.8	41.3	42.0	70.8	68.1	68.6	69.2
就业人口	百万人	27.0	25.7	26.3	26.9	42.2	40.9	41.8	42.6
就业人口比率	%	39.1	36.8	37.1	37.6	64.5	61.6	62.1	62.5
失业人口	百万人	3.0	2.8	3.0	3.2	4.2	4.4	4.4	4.6
失业率	%	9.9	9.9	10.2	10.5	9.0	9.6	9.5	9.7
有偿带薪工人	百万人	17.6	17.2	17.7		27.9	27.4	28.3	
自营职业者	百万人	9.4	8.6	8.6		14.3	13.5	13.5	
有偿带薪工人占比	%	65.2	66.7	67.4		66.2	66.9	67.7	
自营职业者占比	%	34.8	33.3	32.6		33.8	33.1	32.3	

指标	单位	青年（15~24岁）				成人（25岁以上）			
		2019年	2020年	2021年	2022年	2019年	2020年	2021年	2022年
劳动力	百万人	11.7	10.6			64.7	63.2		
劳动参与率	%	41.1	37.3			61.0	58.5		
就业人口	百万人	9.5	8.5			59.7	58.1		
就业人口比率	%	33.5	30.1			56.3	53.8		
失业人口	百万人	2.2	2.0			5.0	5.1		
失业率	%	18.6	19.3			7.7	8.1		